Thomas de Padova

Die Kinderzimmer-Akademie

Zu diesem Buch

Das Kinderzimmer ist der perfekte Ort, um die wirklich lebenswichtigen Fragen zu besprechen: Warum platzen Würstchen immer nur in Längsrichtung? Warum drehen sich Uhrzeiger rechtsherum? Warum wird dem Glühwürmchen nicht heiß? Warum piepst geklaute Ware? Wenn Kinder solche Fragen stellen, wird es für die Erwachsenen fast immer peinlich. Mit seiner »Kinderzimmer-Akademie« schafft Thomas de Padova Abhilfe. Seit Jahren stellen ihm Eltern solche typischen Kinderzimmer-Fragen. Die schönsten hat er nun, nach Jahreszeiten geordnet, hier versammelt und beantwortet sie pointiert. Er kann wunderbar einleuchtend und mit wissenschaftlichem Hintergrund erklären, warum der Specht kein Kopfweh hat, warum nur weibliche Mücken stechen, warum die Schale des Apfels so gesund ist oder warum dem Pinguin die Füße nicht festfrieren.

Thomas de Padova, geboren 1965 in Neuwied, hat in Bonn und Bologna Physik und Astronomie studiert und danach für verschiedene Zeitungen geschrieben. Zwischen 1997 und 2004 war er Wissenschaftsredakteur beim Berliner »Tagesspiegel«. Inzwischen arbeitet er als freier Wissenschaftspublizist, schreibt für den »Tagesspiegel« weiterhin die wöchentliche Kolumne zu Alltagsrätseln. 2004 erschien sein Buch »Am Anfang war kein Mond«.

Martina Wember, geboren 1961 in Erlangen, hat in Berlin Design studiert. Als Zeichnerin arbeitet sie unter anderem für den »Tagesspiegel«.

Thomas de Padova

Die Kinderzimmer-Akademie

Mit 30 Zeichnungen von
Martina Wember

Piper München Zürich

ISBN-13: 978-3-492-04763-0
ISBN-10: 3-492-04763-7
2. Auflage 2006
Umschlaggestaltung: Büro Jorge Schmidt, München
Umschlagabbildung: Martina Wember, Berlin
Satz: Uwe Steffen, München
Druck und Bindung: Clausen & Bosse, Leck
Printed in Germany

www.piper.de

Inhalt

Sommer

Herbst

VORWORT

Kinder können Fragen stellen! Man sitzt zusammen am Tisch, und sie wollen alle paar Minuten etwas Neues wissen. Warum wird die Sahne steif? Warum ist es nachts dunkel? Warum können wir uns nicht selbst kitzeln? Warum ist der Mittelfinger am längsten? Ja, warum eigentlich?

Und warum wird dem Glühwürmchen nicht heiß? Wir zukken mit den Schultern. Woher sollten wir auch etwas über die Lichterzeugung der Glühwürmchen wissen? Wir belassen es bei einem kurzen: »Weiß ich nicht!« Oder wie es meine Großmutter in ihrem rheinischen Dialekt noch eindrücklicher formulierte: »Da han ich kene Verstehstemich für!«

Trotzdem bleibt ein gewisses Unbehagen. Die Frage steht im Raum, wir können sie nicht beantworten, finden es aber plötzlich selbst erstaunlich: Ein kleiner Leuchtkäfer knipst seinen Scheinwerfer an und blinkt in der Dunkelheit. Warum fängt er dabei nicht an zu glühen?

Mich lassen derartige Fragen nicht kalt. Und am meisten freut es mich, wenn sie auch einmal von Erwachsenen statt von Kindern kommen, von Menschen, denen der neugierige Blick im Laufe von Schule und Berufsleben noch nicht abhanden gekommen, deren Interesse noch wach und nicht eingerostet ist.

Als Wissenschaftsjournalist gehe ich seit einigen Jahren Woche für Woche Fragen nach, die uns im Alltag begegnen: Warum ist Schnee weiß? Warum läuft die Nase? Warum platzen Würstchen in Längsrichtung? Warum dreht sich der Uhrzeiger rechtsherum? Immer wieder begebe ich mich auf die Suche nach Experten für die kleinen Alltagsdinge. Ich klopfe bei Universitäten und Forschungsinstituten an und frage mich nach denjenigen durch, die auf einfache Fragen kenntnisreich antworten können – und das auch gern tun.

Dabei fällt mir zweierlei auf: Einmal ist es nicht leicht, die Forscherin oder den Wissenschaftler zu finden, die von ihrem Fachgebiet eine Brücke zu alltäglichen Phänomenen schlagen können. Etliche Polarforscher etwa haben sich mit der Lichtausbreitung der vielen kleinen Schneekristalle noch nie auseinandergesetzt und wissen daher auf die Frage »Warum ist Schnee weiß?« schlichtweg keine Antwort. Überdies ist auch unter den Wissenden nicht jeder bereit, sein Fachvokabular für einen Augenblick beiseite zu legen, um zu jener gemeinsamen Sprache zurückzukehren, deren Wortschatz und Grammatik scheinbar zu vage und zu ungenau für die Aussagen eines Naturwissenschaftlers sind. Wer sich jedoch darauf einläßt, der erzählt häufig mit großer Begeisterung und Liebe zum Detail.

In der wöchentlichen Kolumne »Aha« auf den Wissenschaftsseiten des Berliner *Tagesspiegel* spiegeln sich die Antworten von Spechtforscherinnen und Brennesselkoryphäen, von Holzspezialisten und Radiergummikennern. Eine Auswahl aus diesem Fundus habe ich für dieses Buch überarbeitet, erweitert und nach Jahreszeiten zusammengestellt. Herausgekommen ist ein kleiner Wegbegleiter durch das Jahr, der bei alltäglichen und konkreten Erfahrungen ansetzt. Ein Handbuch auch für Eltern, die die vielen Fragen aus dem Kinderzimmer nicht unbeantwortet lassen möchten.

Mein besonderer Dank gilt den vielen Wissenschaftlerinnen und Wissenschaftlern, die meine Fragen und Nachfragen geduldig beantwortet haben. Ich möchte auch dem *Tagesspiegel* danken, insbesondere Dr. Hartmut Wewetzer, Bas Kast und Dr. Paul Janositz für ihre zahlreichen Anregungen, sowie meiner Frau Anne für ihre Ideen und die Durchsicht der Texte, zudem dem Piper Verlag und Barbara Wenner, ohne deren Hilfe dieser Wissenschaftskalender nicht zustande gekommen wäre.

Er soll den Blick für die Wunder des Alltags schärfen und ein verläßliches kleines Handbuch für alle Jahreszeiten sein – auch wenn nicht jede der Antworten der Weisheit letzter Schluß sein mag. Die Wissenschaft wird weiterhin mit neuen Erkenntnissen zur Klärung manches Alltagsrätsels beitragen. Die besondere Perspektive der Experten lädt freilich schon jetzt dazu ein, das Gewohnte und Vertraute einmal mit anderen Augen zu betrachten. Vielleicht auch dazu, in Zukunft selbst wieder mehr – zu fragen.

FRÜHLING

Warum hat der Specht kein Kopfweh? Spechte sind Einzelgänger. Männchen und Weibchen wohnen die längste Zeit des Jahres in separaten Höhlen und verteidigen ihr Territorium. Wenn dann der Frühling an die Bäume klopft, müssen sie sich wieder an das Eheleben gewöhnen. Das fällt ihnen von Natur aus nicht leicht, denn anders als Tauben turteln Spechte nicht gern miteinander. Sie sind aggressiv und versuchen mitunter noch während der Balz, ihr Revier gegen den künftigen Partner zu behaupten.

Allein sein Trommeln klingt wie Musik in ihren Ohren. Mit kräftigen Trommelwirbeln stimmen sie sich aufeinander ein, zunächst mehr schlecht als recht, aber nach kurzer Zeit synchronisieren sie ihre Laute: Good vibrations! Der Schwarzspecht zum Beispiel lockt ein fernes Weibchen mit langen Wirbeln aus mehr als 40 Schlägen in zweieinhalb Sekunden. Den näheren Kontakt begleitet er mit kürzeren Trommelfeuern, die in der Nähe der Höhle in einen Wechsel von Klopfen, Rufen und Trommeln übergehen. Da der Schwarzspecht den Schnabel auch noch zum Picken, Hämmern und Meißeln benutzt, bringt er es am Tag auf einige tausend Schläge.

Trotzdem hat er weder Gehirnerschütterungen noch Kopfschmerzen. Der Specht ist nämlich im Vergleich zu anderen Vögeln ein ziemlicher Dickschädel. Der hämmernde Schnabel sitzt außerdem so tief, daß die Stöße weitgehend am Gehirn vorbeigeleitet werden. »Der Schnabel ist über Stoßdämpfer, weiche Bänder und Sehnen, an der starken Schädelkapsel befestigt«, sagt die Biologin Kerstin Höntsch von der Universität Frankfurt, die das Verhalten von Kleinspechten im Main-Taunus-Kreis studiert hat. Durch diese elastische Aufhängung werden die Schläge abgefedert. Und das ist wichtig. Denn manchmal gilt es für den Specht, in wenigen Tagen ein neues Heim zu zimmern. Wenn zum Beispiel die Eiablage kurz bevorsteht und ihm seine alte Höhle abhanden gekommen ist, weil sich ein anderer Specht oder ein Wendehals keck in dem schon fertigen Nest breitgemacht hat, muß er sich rasch eine neue Schlaf- und Bruthöhle bauen. Schlag auf Schlag, aber vorzugsweise in morschem, totem Holz. Er macht sich die Kopfarbeit so leicht wie möglich.

Trotz seiner Aggressivität gilt der Specht als besonders treuer Vogel. Viele Paare bleiben ihr Leben lang zusammen. Ihr Herz klopft allerdings nicht immer nur für einen Partner. Kleinspechte zum Beispiel galten bis vor kurzem noch als monogam. Inzwischen aber hat man Weibchen beobachtet, die beim Frühlingstrommeln auch für neue Rhythmen empfänglich sind und sich mit mehreren Männchen paaren.

Warum ist der Mittelfinger am längsten? Während hierzulande der Specht an die Bäume klopft, hört man in Madagaskar das Aye-Aye, das Fingertier. Nicht tagsüber, denn da schläft der kleine Feuchtnasenaffe in einem Nest in den Bäumen. Nachts aber pocht er mit seinem langen Mittelfinger gegen die Baumrinde. Und lauscht. Das Fingertier sucht im Holz nach Insektenlarven. Wo es welche vermutet, reißt es die Rinde mit den Zähnen weg und pult die Larven mit dem Mittelfinger heraus.

Das Fingertier hat sich bei der Nahrungssuche erfolgreich spezialisiert. Im Regenwald hat es sich einen ähnlichen Lebensraum erschlossen wie der Specht in unseren Breiten. Doch während die Vorzüge des langen Mittelfingers bei dem kleinen Primaten auf der Hand liegen, lassen sie sich beim Menschen nicht ohne weiteres erkennen. Warum überragt auch unser Mittelfinger seine Nachbarn?

Auffällig ist, daß sich der Mensch in dieser Hinsicht von vielen anderen Lebewesen nicht unterscheidet, nicht vom Schimpansen oder Eichhörnchen, ja nicht einmal vom Dinosaurier. Wer sich auf vier Beinen fortbewegt – und das war auch das Los unserer Vorfahren –, dem ist eine Pfote mit langem mittlerem Zeh hilfreich. Der längste Zeh hat beim Laufen am längsten Bodenkontakt. Er hält die Spur. »Wenn dieser Zeh außen säße, bekäme das laufende, springende und sogar das schwimmende Tier zum Schluß nicht nur einen Impuls nach vorne, sondern auch zur Seite«, sagt Kevin Hunt, Anthropologe an der Indiana-Universität in Bloomington in den USA. Das aber würde einen erheblich größeren Kraftaufwand erfordern und die Gliedmaßen stark belasten.

Als unsere Vorfahren vor 60 Millionen Jahren die Bäume erkletterten, besaßen auch sie lange Mittelzehen. Als Baumakrobaten erlernten die Menschenaffen das schnelle Zugreifen und rasche Loslassen. Sie pflückten und prüften die Nahrung, aus den Vorderpfoten wurden sensible Hände mit noch längeren Fingern. Bis heute ist der Mittelfinger länger als die anderen Fingerglieder. Das ermöglicht uns unter anderem einen sicheren Griff mit Daumen, Zeige- und Mittelfinger: den Drei-Punkte-Feingriff, mit dem wir einen Stein beim Werfen oder Hämmern festhalten. Ohne ihn wäre der sichere Gebrauch von Werkzeugen kaum denkbar.

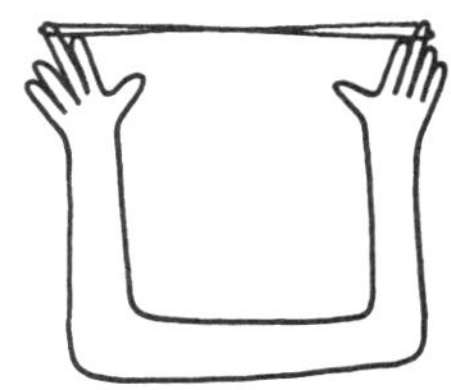

Bei unseren Zehen liegt die Sache anders. Seit der Entwicklung des aufrechten Ganges hat sich unser gesamter Bewegungsmechanismus und damit auch der Fuß noch einmal stark umgeformt. Wenn wir unseren Fuß abrollen, wird die Großzehe besonders stark beansprucht. Sie muß schon beim Stehen einen hohen Druck aushalten und hat sich in eine stabile Stütze verwandelt. Der mittlere Zeh ist erst in den vergangenen Jahrmillionen ins Hintertreffen geraten.

Warum sind Blätter grün? Endlich wieder raus, ins Grüne. Ans Sonnenufer, wo alles wächst und blüht, wo Bäume, Sträucher und Gräser ihre Lippen öffnen, um Licht einzuatmen, das nun wieder reichlich zu haben ist: rotes Licht, gelbes, grünes und blaues – das ganze Regenbogenspektrum der Farben, aus denen sich die Strahlung der Sonne zusammensetzt und die uns nur zusammengenommen weiß erscheinen.

Die Pflanzen verwerten von alldem nur einen Teil. Sie nehmen hauptsächlich rotes und blaues Licht auf. Im bislang unnachahmlichen Akt der Photosynthese verwandeln sie das Licht in chemische Energie, stellen mit seiner Hilfe aus Kohlendioxid und Wasser Zucker und Stärke her. Das grüne Licht verschmähen sie dabei allerdings. Ihre Blätter werfen es größtenteils zurück. Und so sehen wir rundum grün, wenn wir uns in den satten Frühling hinausbegeben. Der grüne Blattfarbstoff der Pflanzen, das Chlorophyll, vermag die roten und blauen Sonnenstrahlen sehr effizient zu verarbeiten. Aber warum schätzen die Blätter ausgerechnet das grüne und gelbe Licht gering, wo doch die maximale Sonneneinstrahlung gerade im Grüngelben liegt?

Mehr Licht? Das wäre da. Aber die Pflanze braucht zum Wachstum anscheinend nicht mehr, als das Blattgrün einzufangen vermag. Sie müsse sich – im Gegenteil – vor allzuviel Licht schützen, damit ihre Zellen auf Dauer nicht zerstört werden, sagt Matthias Rögner, Pflanzenbiochemiker der Ruhr-Universität Bochum. Dazu verfügt sie über weitere Farbpigmente, die stets in enger Nachbarschaft zum Chlorophyll liegen. »Diese gelbroten Karotinoide können überschüssige Energie aufnehmen und als Wärme abgeben«, sagt Rögner. Sie sind ein natürliches Sonnenschutzmittel.

Während etliche Meeres- und Mikroorganismen auch das grüne Licht begierig aufnehmen, sind Bäume und Gräser weniger daran interessiert. Aber wenn sie es auch nicht direkt zum Wachstum verwenden, so wissen diese Pflanzen zumindest grünblaues Licht anderweitig zu nutzen: für ihre Orientierung im Raum und ihre Bewegung zum Licht hin. Treffen grünblaue Strahlen ein, dann signalisieren spezielle Rezeptoren der Pflanze, in welche Richtung sie weiterwachsen soll. In der Regel nach oben. So werden Baum und Grashalm lang und länger.

Warum knacken die Gelenke? Während der Frühling mit einem Räkeln, Dehnen und Strecken aus der Erde hervorbricht, lassen auch wir die Gelenke knacken, als wollten wir die Gliederpuppe in uns neu einrenken. Wir ziehen die Finger lang – so lang, bis es poppt. Dieses Knacken der Gelenke ist ein untrügliches Zeichen dafür, daß ein kleines Vakuum in uns zerplatzt ist.

So ein Vakuum hat's in sich. Das demonstrierte Otto von Guericke im Jahr 1654 eindrucksvoll auf dem Reichstag zu Regensburg. Der deutsche Universalgelehrte fügte zwei am Rand mit Fett gut geschmierte Halbkugeln zusammen und pumpte aus dem entstandenen Hohlraum möglichst viel Luft ab. Die beiden weitgehend luftleeren Hemisphären klebten nun fest zusammen, und es bedurfte der vereinten Kraft von 16 Pferden, die Hälften wieder voneinander zu trennen. Was die Schalen so gegeneinander preßte, war der sie umgebende äußere Luftdruck.

Spätestens seit Guerickes Experiment wissen wir, daß ein Vakuum sehr nützlich sein kann, wenn zwei zueinander passende Teile zusammenbleiben sollen. Sagen wir etwa: Gelenkkugel und Gelenkpfanne. Die beiden Knochen sind nur durch einen kleinen Spalt voneinander getrennt. Sie werden von einer Kapsel luftdicht umschlossen und von einer Flüssigkeit geschmiert. Ziehen wir an unseren Fingergelenken wie die 16 Pferde an den beiden Halbkugeln, dann vergrößern wir plötzlich den Gelenkzwischenraum und spüren den darin entstehenden Unterdruck. Aber es geschieht noch etwas: In der Gelenkschmiere sind Gase gelöst – so ähnlich wie Kohlendioxid im Mineralwasser. Öffnet man eine Sprudelflasche, entweichen diese Gase. Genau das passiert auch beim Auseinanderziehen der Gelenke: Die in der Gelenkschmiere enthaltenen Gase, auch hier vor allem Kohlendioxid, treten aus der Flüssigkeit aus. Sie bilden kurzzeitig eine Gasblase. Diese zerplatzt unter Geräuschentwicklung, sobald die Gelenkdichtung dem Unterdruck nicht mehr standhält. »So entsteht ein Knackgeräusch«, sagt Georg Bergmann, Leiter des Biomechanik-Labors der Berliner Charité. »Die Gasblase fällt schlagartig in sich zusammen.« Denn beim Auseinanderziehen der Fingergelenke strömt sogleich neue Flüssigkeit von außen in den Gelenkzwischenraum.

Das Knacken der Fingergelenke ist die Folge einer plötzlichen Leere in uns. Ein kleiner Zeitvertreib, der das Frühlingserwachen oder das Erwachsenwerden begleitet. Im Alter knackt es dann hier und da schon mal aus ganz anderen Gründen.

Warum überfällt uns die Frühjahrsmüdigkeit? Das Hochdruckgebiet »Helga« und das Tief »Jakob« tauschen ihre Plätze, der Nachtfrost weicht endlich einer milderen Witterung. Hasel- und Erlenpollen wirbeln durch die Luft, im Waldboden schlüpfen Insekten aus ihren Puppen und krabbeln ans Sonnenlicht, das durch die kleinen Zwischenräume der Jalousie auch in mein Schlafzimmer eindringt. Während die Natur erwacht, komme ich nicht aus den Federn.

Es gibt allerdings noch andere kraftlose Kreaturen zu dieser Jahreszeit. »Der wesentliche Grund für die Frühjahrsmüdigkeit ist die Änderung der Großwetterlage«, sagt Jürgen Zulley, Leiter des Schlafmedizinischen Zentrums am Universitätsklinikum Regensburg. Unser Organismus hat sich im Winter auf Kälte und Dunkelheit eingestellt. Nun muß er sich an wärmere und längere Tage anpassen. Im Winter ist zum Beispiel unsere Körpertemperatur um wenige zehntel Grad niedriger als im Sommer. »Mit steigenden Temperaturen stellt der Körper die Blutgefäße wieder weit«, sagt Zulley. Eine Folge davon ist, daß der Blutdruck fällt; für ein paar Tage fühlen wir uns ziemlich schlapp. Älteren Menschen mit niedrigem Blutdruck macht diese Umstellung stärker zu schaffen als jungen, sportlichen Typen.

Auch die Lichtfülle der ersten richtigen Frühlingstage kann uns in einer kurzen Übergangsphase ermatten. Denn das Sonnenlicht reguliert unseren Schlaf-Wach-Rhythmus. Ein Wintertag ist nur halb so lang und auch nicht so hell wie ein Sommertag. Weil die Dunkelheit aber unsere Schlafhormone in Gang bringt, fallen wir in der kalten Jahreszeit in eine Art Winterschlaf: Bei mangelndem Licht wird eine kleine Drüse im Hirn, die Zirbeldrüse, dazu angeregt, das Hormon Melatonin auszuschütten. Und dieses Melatonin bremst unsere Aktivitäten. Die reichlich vorhandenen Hormone machen uns müde, und wir schlafen im Winter eine halbe bis eine Stunde länger als im Sommer.

Mit hereinbrechendem Frühling sinkt die Melatoninausschüttung wieder. Wir beginnen nun, nachts weniger zu schlafen, sind allerdings in der Umstellungsphase tagsüber müder. Zum Glück schwindet diese Mattigkeit schon nach ein paar Tagen, und der Frühling zeigt endlich seine wahre Gesinnung.

Warum ist Gähnen ansteckend? Kaum hat der erste in der abendlichen Runde damit angefangen, legt auch schon der nächste los. Unwillkürlich reißt er den Mund so weit auf, daß die Gesichtsmuskeln auf die Tränendrüsen drücken. Vor lauter Gähnen werden die Augen feucht, die Herzfrequenz steigt, das Zwerchfell spannt sich an – bis auf das langanhaltende Luftholen und Muskelspiel endlich die große Entspannung folgt. Und die Einsicht, daß es nun an der Zeit ist aufzubrechen. Gähnen kann angenehm sein! Und ansteckend. So ansteckend, daß sich das Signal im Nu auf eine ganze Gruppe überträgt. Plötzlich werden alle müde, möchten sich zurückziehen und schlafen gehen.

»Für eine tagaktive Gruppe ist das vorteilhaft«, sagt Irenäus Eibl-Eibesfeldt, ehemaliger Leiter der Forschungsstelle für Humanethologie der Max-Planck-Gesellschaft. Denn der Zusammenhalt der Gruppe wäre gefährdet, wenn einige aus der Gemeinschaft nachts weiterzögen und alleine herumliefen. Viele Säugetiere und Vögel synchronisieren daher ihren Alltag in ähnlicher Art und Weise.

Beim Menschen kommt es ebenfalls in unterschiedlichen Lebenssituationen zu einer derartigen Stimmungsübertragung. Mit dem Gähnen verhält es sich wie mit dem Lachen oder der

Trauer, die wir empfinden, wenn ein anderer lacht oder traurig ausschaut. »Wir Menschen sind zur Empathie und zum Mitgefühl veranlagt«, sagt Eibl-Eibesfeldt. Man könne dies bereits bei Neugeborenen beobachten: Spielt man zum Beispiel Babys Tonbänder von Weinenden vor, so reagieren sie darauf mit Mitweinen, Mädchen übrigens schneller als Jungen.

Nicht jeder antwortet gleichermaßen auf die Signale seiner Mitwelt. In verschiedenen Testreihen haben Psychologen herausgefunden, daß vor allem verständnis- und teilnahmsvolle Personen durch andere zum Mitgähnen angeregt werden. Dagegen können sich die Gähnresistenten, die auf keinen Fall schlappmachen wollen, auch in anderen Lebenssituationen schlechter in die Lage ihrer Mitmenschen hineinversetzen. Wer mitgähnt, identifiziert sich mit dem anderen. Er teilt ihm unmittelbar mit: »Ich verstehe, was in dir vorgeht.« Gähnen ist eine sehr affektive Art und Weise, sich miteinander zu verständigen. Und eine Chance mehr, daß alle genügend Schlaf bekommen.

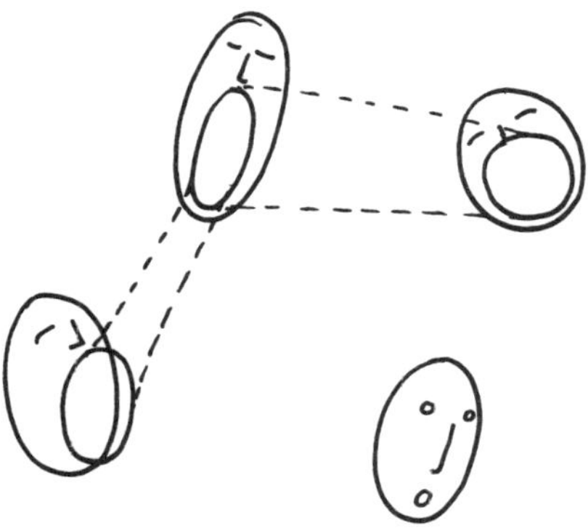

Warum stellt sich die Funkuhr automatisch um? Die Funkuhr ist immer auf dem laufenden. Sie steht rum, als wäre sie ganz auf sich gestellt. Aber wenn dann am letzten Sonntag im Monat März eine neue Zeit aufzieht, ist sie hellwach und macht mitten in der Nacht einen Sprung von zwei auf drei Uhr.

Die Sommerzeit erreicht sie durch die Lüfte: per Langwelle. Das Signal, das der deutsche Zeitsender in Mainflingen losschickt, dringt in alle Gebäude ein. Mit sich trägt es – in kodierten Sequenzen – Sekunden, Minuten und Stunden, Tag, Monat und Jahr. Dieses Zeittelegramm gibt die Welle binnen einer Minute an die Funkuhr weiter, Abschnitt für Abschnitt. Die Daten fließen im Sekundentakt: Jede Sekunde empfängt der Funkwecker ein Standardsignal, das entweder 0,1 oder 0,2 Sekunden dauert. Allein mit diesen beiden Möglichkeiten – 0,1 oder 0,2, entsprechend »Ja« oder »Nein« – lassen sich alle relevanten Informationen kodieren. Um Sekunden oder Minuten anzugeben, genügen die Zahlen von 1 bis 60. Die Funkuhr rechnet aber nicht mit allen diesen Zahlen, sondern nur mit sieben. Denn die Zahlen von 1 bis 60 ergeben sich auch aus einer entsprechenden Addition von 1, 2, 4, 8, 10, 20 und 40. Für diese sieben Zahlen ist daher jeweils eine Sequenz in der Signalkette freigehalten.

Es soll beispielsweise 10 Uhr 21 gesendet werden. Fangen wir mit den Minuten an: Die Minutenangabe wird grundsätzlich in den Sekunden 21 bis 27 der Signalkette übertragen: sieben Sekunden für sieben Zahlen. Wenn nur das 21. und das 26. Signal jeweils 0,2 Sekunden dauern (Ja) und die übrigen Signale nur 0,1 Sekunden lang sind (Nein), zählt die Uhr mit: 1+0+0+0+0+20+0. Macht: 21 Minuten.

Ähnlich errechnen sich die Stunden aus Signal 29 bis 34. Die Funkuhr nimmt alles geduldig auf, eine Minute lang. »Aber nach nur einem Durchlauf glauben viele Uhren der neuen Zeit noch nicht«, sagt Dirk Piester, Physiker im Zeitlabor der Physikalisch-Technischen Bundesanstalt in Braunschweig. Die Funkuhr wartet. Sie läßt sich Zeit: zwei Minuten, drei Minuten. Sie springt bei der Umstellung auf die Sommerzeit oder nach einem Batteriewechsel erst um, wenn ihr mehrere nacheinander eintreffende Zeittelegramme plausibel erscheinen.

Wenn sie neben einem Fernsehgerät steht, tickt allerdings auch eine Funkuhr manchmal nicht richtig. Sensible Uhren spüren, was gerade im TV-Apparat läuft: Ein Elektronenstrahl saust im Fernsehgerät Zeile für Zeile über den Monitor, um das Bild zu erzeugen. Das tut der Strahl fatalerweise mit einer Frequenz, deren fünfte Oberschwingung mit der Empfängerfrequenz der Funkuhr nahezu übereinstimmt. Die Signalübertragung kann dadurch so gestört werden, daß selbst der Wekker beim Fernsehen jegliches Zeitgefühl verliert.

Warum bilden sich Blasen an den Händen? Gestern noch am Schreibtisch, heute Kleingärtner. Hochgehievt den Spaten und rein in den steinigen Boden. Umackern, umgraben, umpflanzen, Stich für Stich – bis ein scharfes Ziehen und Stechen ankündigt, daß ich bei dem ungewohnten Handwerk nicht mit heiler Haut davonkommen werde. Erst kneife ich noch ein Auge zu, dann zwei. Schließlich setzt eine fette Blase dem Geacker ein jähes Ende.

Eigentlich ist die Hand vor derartigen Schäden recht gut geschützt. Insbesondere durch die Hornhaut. Nach kräftigem Zupacken kann diese an manchen Stellen dick und dicker werden. So entstehen Schwielen – allerdings erst im Verlauf von tagelanger Handarbeit. Die Blase dagegen kommt schnell, manchmal schon nach Minuten.

Unter der Hornschicht befinden sich die noch unverhornten Zellen der Oberhaut. Etwa fünf Schichten solcher Stachelzellen liegen in unseren Händen übereinander. Jede dieser Zellen streckt ihren Nachbarzellen kleine Fortsätze entgegen. Damit greifen die Stachelzellen ineinander wie zusammengelegte Finger. Sie können ihren guten Kontakt jedoch verlieren, wenn starke Scherkräfte auftreten. Reibt die Hand immer wieder am Schaft eines Spatens oder Tennisschlägers, löst sich die ansonsten effektive Verzahnung der Stachelzellen. In den so entstandenen Hohlraum dringt sofort eine Flüssigkeit ein: ein klares Serum, das von tieferliegenden Gefäßen herrührt.

Richtig große Blasen sitzen noch weiter unten in der Haut: dort, wo Oberhaut und Unterhaut in einer dünnen Kittschicht zusammentreffen. Dieses Grenzgebiet verknüpft die Stachelzellen mit dem völlig anders strukturierten Bindegewebe der Unterhaut. »Die meisten Blasen bilden sich im Bereich dieser Kittschicht«, sagt Michael Sticherling, Dermatologe an der

Universität Leipzig. »Sie ist am anfälligsten dafür.« Schubbert die Haut hin und her, dann kann sich die Oberhaut von der Unterhaut trennen. »Diese Blasen sind ziemlich prall, weil die gesamte Oberhaut darüberliegt«, sagt Sticherling. In den Hohlraum gelangt normalerweise kein Blut hinein. Nur wenn auch die Blutgefäße in der Unterhaut verletzt werden, entsteht eine Blutblase.

Gegen Blasen ist niemand gefeit. Heute ist es der Spaten, morgen reiben wir uns den Fuß an einem winzigen Sandkorn im Schuh auf oder an der Naht eines schlechtsitzenden Strumpfes. Und wenn's noch wärmer wird: an Sandalen.

Warum hat der Baum Jahresringe? Beim Spaziergang im Wald geht der Blick unweigerlich nach oben. An kahlen Stämmen schauen wir hinauf zum Blätterdach, das im Frühjahr aus den Ästen schießt und das eigentliche Leben der Bäume ausmacht. Die Stämme selbst dienen vor allem dazu, die Kronen der Schöpfung in die Höhe zu hieven, sie mit Wasser und Nährstoffen zu versorgen. Die Natur hat sich einiges einfallen lassen, um aus dem Stamm gleichzeitig einen sicheren Stützpfeiler und eine effektive Wasserleitung zu machen. Während das Holz in unseren Breiten zwischen Ende April und Ende August wächst, hat mal die eine, mal die andere Funktion für die neu gebildeten Zellen Vorrang: im Frühjahr der Wassertransport, um viele neue Blätter und Triebe anlegen zu können, im Spätsommer die Festigung des Stammes, um für den Rest des Jahres gerüstet zu sein.

Das Wachstum setzt im Frühling in einer dünnen, glasigen Gewebeschicht ein. Sie liegt weit außen im Stamm zwischen Rinde und Holz. In diesem feinen Mantel teilen sich winzige Mutterzellen. Sie ziehen neue Zellwände ein und bilden Tochterzellen. Die Töchter gehen dann ihre eigenen Wege: Gelangen sie nach innen, entwickeln sie sich zu frischen Holzzellen, werden sie nach außen abgegeben, verwandeln sie sich in Rinde.

Auch Früh- und Spätholz unterscheiden sich deutlich. »Bei Nadelholz beispielsweise werden zu Beginn der Vegetationsperiode recht große Zellen gebildet«, sagt Uwe Schmitt, Leiter des Instituts für Holzbiologie und Holzschutz der Bundesforschungsanstalt in Hamburg. Die Zellen haben weite Hohlräume und lediglich eine dünne Zellwand. »Solche Zellen braucht der Baum für eine gute Wasserleitung«, sagt der Biologe. Unzählige dieser Zellen übereinandergelegt, schaffen eine effektive Verbindung zwischen den Wurzeln und der Krone.

Im Spätsommer, wenn der Baum seine Blätter abwirft, werden die Hohlräume der neu gebildeten Zellen immer kleiner, das Gewebe dichter. Die Zellen haben nun dickere Wände und sind entsprechend kräftig und steif. Da die Zellwände selbst dunkel sind, färbt sich nun auch das Holz. Das helle Frühholz und das dunkle Spätholz ergeben zusammen einen Jahresring. An seine scharfe äußere Grenze schließt sich im nächsten Frühling erneut helles Holz an. In allen Regionen, in denen die Jahreszeiten wechseln, kann man an den Ringen das Alter der Bäume ablesen. Der Wissenschaftler erkennt daran sogar noch einiges mehr, was das Klima dem Baum ins Stammbuch geschrieben hat.

Warum wandern Kröten? *Bufo bufo*, die Erdkröte, lebt gefährlich. Der Weg zum Laichplatz und später zurück in den Wald, wo die Erdkröte den Sommer über reichlich Asseln, Würmer oder Spinnentiere findet, ist weit. Immer öfter führt er über befahrene Straßen. »Der Mensch zerstört den Lebensraum zwischen Tümpel und Quartier«, sagt Michael Veith vom Institut für Zoologie der Universität Mainz. Und da Kröten langsam vor sich hin trotten und nachts gerne auch einmal auf dem noch warmen Asphalt sitzen bleiben, kommen etliche Tiere beim Überqueren von Straßen unter die Räder.

Ihre Route ändern sie deshalb nicht. Die Kröte ist ein Gewohnheitstier. Jedes Frühjahr kehrt das Krötenweibchen zu dem Teich zurück, in dem es selbst geboren wurde, und legt dort seine Eier ab. Diese Fortpflanzungsstrategie hat sich aus vielerlei Gründen als erfolgreich erwiesen. So ist es etwa mit sehr viel mehr Unwägbarkeiten verbunden, sich einen neuen Tümpel zu suchen, denn der könnte später austrocknen, oder es könnte darin zu viele Fische geben, die die Eier auffressen.

Gleich in den ersten warmen, feuchten Frühlingsnächten laufen die Kröten los. Alle verlassen ihre Winterquartiere etwa zur selben Zeit. Die Masse macht's. Wenn Hunderte von Erdkröten auf einmal losziehen und ihre Eier in einem großen Weiher ablegen, schaffen es die Freßfeinde nicht, sämtliche Eier zu vertilgen. Die Krötenwanderung verläuft zielstrebig und vergleichsweise still. Während Frösche für gewöhnlich mit einem lauten Paarungsgequake nach einem Partner suchen, wissen auch die Krötenmännchen von vornherein, wann und wo man sich im Frühjahr trifft.

Die Männchen sind zuerst am Teich und dort in der Überzahl. Sie ziehen einen Ring um den Tümpel und halten wochenlang nach herannahenden Weibchen Ausschau. Kommt das mit Eiern beladene Weibchen daher, hüpft das etwas kleinere Männchen auf den warzigen Rücken der Partnerin und klammert sich auf Achselhöhe mit den Armen daran fest. Die Erdkröte setzt ihren Weg mit dem geschulterten Bewerber fort. Auf ihrem Rücken werden in der Folgezeit harte Kämpfe ausgetragen. Die Konkurrenten versuchen, den glücklichen Aufsteiger wieder von seinem Platz zu verdrängen. Auch sie klammern sich an den Buckel, und manchmal muß ein Weibchen zwei oder drei Männchen zugleich mit sich herumschleppen.

Erst wenn das Weibchen die Eier in langen Schnüren im Wasser ablegt, spritzt das Männchen das Sperma darüber. Es ist eine äußere Befruchtung, und der Begattungskampf der Männchen dauert bis zum letzten Moment an. Die Leidtragenden sind die Weibchen: Manche von ihnen ertrinken sogar, weil sie unter der Last der Männchen nicht mehr rechtzeitig aus dem Wasser kommen, um Luft zu holen.

Warum bekommen wir Muskelkater? Wie wär's einmal mit einem kleinen Muskelkater? Nehmen Sie sich einen Stuhl, steigen Sie mit dem rechten Bein darauf und ziehen Sie das linke nach. Sobald Sie ganz auf dem Stuhl stehen, setzen Sie das rechte Bein langsam wieder auf dem Boden ab, dann das linke. Wenn Sie diese klassische Übung bis zur Ermüdung wiederholen, bekommen Sie mit großer Wahrscheinlichkeit einen Muskelkater. Und wissen Sie auch, wo?

Im linken Bein. Es ist der gleiche Muskelkater, der sich beim Bergabsteigen einstellt: Während sich die Muskeln im linken Bein beim Abstieg vom Stuhl dehnen, müssen sie gleichzeitig die Spannung halten und die Bewegung bremsen. Das ist besonders belastend.

Muskeln bestehen aus Muskelfasern und diese wiederum aus Hunderten Muskelfibrillen, ähnlich wie ein Kabelstrang, bei dem jedes Kabel selbst aus vielen Adern zusammengesetzt ist. Diese Adern können reißen, und vor einem Muskelkater geschieht genau das: Schwache und zu stark belastete Muskelfibrillen werden beschädigt oder zerstört. Sie reißen besonders oft bei ungewohnten körperlichen Anstrengungen und bei Bewegungen, etwa Gymnastikübungen, die wir noch nicht gut beherrschen.

Und beim Bergabsteigen. »Beim Bergabsteigen benutzt unser Körper besonders wenig Muskelfasern«, sagt Dieter Böning, Sportmediziner an der Freien Universität Berlin. Die einzelne Faser wird daher bei einer solchen Bewegung stärker beansprucht. Damit ist auch die Gefahr größer, daß es innerhalb der Muskelfaser zu Verletzungen und zu Rissen kommt. Mit der starken Produktion von Milchsäure bei anstrengenden Bewegungen hat der Muskelkater entgegen der landläufigen Meinung wohl nichts zu tun.

Wir spüren die Risse und Verletzungen der Muskelfasern nicht sofort, weil die Enden der Nerven, die den Schmerz registrieren, außerhalb der Fasern liegen. Erst während der Körper die beschädigten Strukturen ab- und neue Fibrillen aufbaut, schwillt das Gewebe an – der Kater ist da. Typischerweise entwickelt er sich erst nach ein bis zwei Tagen zu voller Stärke. Dann sollte man zunächst einmal große Belastungen des betroffenen Muskels vermeiden. Der Muskelkater hinterläßt allerdings keine bleibenden Schäden. Im Gegenteil: Wo wir ihn einmal erlitten haben, kriegen wir, bei gleicher Bewegung, in den nächsten Wochen keinen Muskelkater mehr.

Warum riecht Urin nach dem Spargelessen? Das Spargelessen hat für jeden zweiten von uns ein eigenartiges Nachspiel: Spargel verändert den Geruch des Urins. Und zwar ziemlich stark. Der Harn riecht intensiv und unangenehm nach dem Gemüse.

Wie so oft in solchen Fällen, entscheidet eine winzige biologische Besonderheit über die Zugehörigkeit zu den Riechern oder Nichtriechern. Ein Molekül macht den Unterschied, ein winziges Enzym. Wir brauchen viele solcher Enzyme, um unsere Nahrung zu verdauen. Aber wir sind nicht gleichermaßen mit diesen Biokatalysatoren ausgestattet, die die Verdauung ankurbeln. Bei einem Teil der Menschheit zum Beispiel spaltet das Enzym Lactase den Milchzucker in seine Bestandteile auf. Die meisten Nord- und Mitteleuropäer können daher auch als Erwachsene Milch gut vertragen. Doch was für sie bekömmlich ist, verdauen Chinesen oder Afrikaner, denen das Enzym fehlt, nicht gut. Bei ihnen bleibt der Milchzucker unzerlegt, bindet Wasser und verursacht Durchfall und Blähungen. Ähnlich ist es mit dem Enzym Alkoholdehydrogenase, das den Alkohol abbaut: Da Japaner keinen solchen Biokatalysator haben, sind sie oft schon nach einem Glas Sekt high.

Auch Spargel rutscht nicht durch unseren Verdauungstrakt, ohne von diversen Enzymen bedrängt zu werden. Er gehört zu den Liliengewächsen, ist verwandt mit Zwiebel, Schnittlauch und Knoblauch und beinhaltet wie diese viele schwefelhaltige Stoffe, die so manche junge Pflanzen vor Würmern schützen. Unter diesen geruchsintensiven Stoffen spielt die Asparagussäure die entscheidende Rolle für den Gestank des Urins. Erst die Abbauprodukte dieser Säure verleihen den Ausscheidungen das unangenehme Aroma.

»Daß einige Menschen die Enzyme zur Verarbeitung der Asparagussäure haben und andere nicht, hat genetische Ursachen«, sagt Lars Christian Rump, Nierenspezialist am Marienhospital der Ruhr-Universität Bochum in Herne. Wem die Enzyme fehlen, der riecht auch nicht, denn er stellt die typischen Geruchsstoffe gar nicht erst her. In Vorlesungen macht Rump dazu immer mal wieder Umfragen unter seinen Studenten. Sein Ergebnis: »Etwa die Hälfte von ihnen produziert die Stoffwechselprodukte.« Der anderen Hälfte dagegen ist der üble Geruch des Urins nach dem Spargelessen völlig unbekannt.

Warum fressen Motten die Kleider? Die Wintersachen liegen längst irgendwo tief unten im Schrank. Wir brauchen sie nicht mehr. Wollpullover, Wollsocken, Wärmewäsche – alles eingemottet. Und hoffentlich noch unversehrt, wenn wir das Zeug in einem halben Jahr wieder hervorholen.

Aber kann man sich dessen sicher sein? Daß schon lange keiner dieser grazilen Falter mehr im Zimmer herumgeflogen ist, sagt leider gar nichts über den augenblicklichen Zustand des Norwegerpullis und des selbstgestrickten Schals aus. Schlimmstenfalls fällt gerade ein Dutzend Larven darüber her. Womöglich haben sie aus den Wollfäden und ihren Exkrementen bereits feine Köcher gesponnen. In diesen Wohnröhren laufen die bis zu einem Zentimeter langen Raupen hin

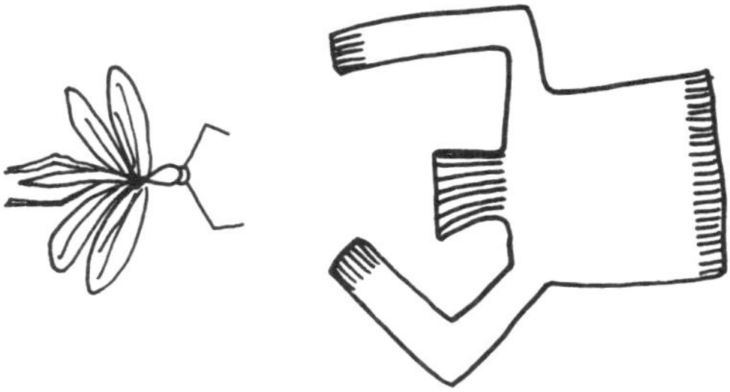

und her, fressen sich im Schutz des Gespinsts Wochen und Monate satt, bis sie sich in einem neuen Köcher verpuppen, um sich schließlich in einen zarten Falter zu verwandeln: in einen kleinen Schmetterling, der dann gar nichts mehr frißt, sondern nur noch darauf aus ist, sich möglichst schnell zu begatten und neue Eier ans Gewebe unserer Klamotten zu heften.

»Die Kleidermotte lebte ursprünglich im Fell von toten Tieren«, sagt der Biologe Reiner Pospischil von der Firma Bayercropscience in Monheim. Auch heute noch rücken die Larven toten Tieren, die etwa in Höhlen sterben, auf den Pelz oder suchen ihre Nahrung in Vogelnestern. Sie vertilgen Keratin, das für Fell und Gefieder ein wichtiges Aufbauprotein ist. Es entsteht bei der Verhornung von Säugetierhaaren oder Federn. Da Wolle eine ziemlich haarige Angelegenheit ist, besteht sie zu einem Großteil aus Keratin. Entsprechend gut geht es den Larven in vielen unserer Kleidungsstücke. »Sie gehen an Stoffe, die aus mindestens 25 Prozent Wolle tierischen Ursprungs bestehen«, sagt Pospischil. »Baumwolle fressen sie nicht.«

Seit der Mensch seine Wohnungen gut heizt, hat sich *Tineola bisselliella,* die Kleidermotte, bei ihm eingebürgert. Die Falter legen bis zu 200 Eier einzeln oder in kleinen Portionen an dunklen Stellen ab. Denn die Larven vertragen wegen ihrer hellen Haut, durch die man sogar die Farbe der gefressenen Wolle erkennen kann, kein direktes Sonnenlicht. Auch kräftiges Lüften im Winter behagt ihnen nicht. Sie brauchen gleichmäßige Temperaturen – und Ruhe. Die finden sie in Schränken, Wäschetruhen, Teppichen oder Polstermöbeln. Dort bleiben die lichtscheuen Raupen manchmal so lange unentdeckt, bis ganze Kleidungsstücke von einem Gespinst überzogen sind. Wolle ist schön. Kontrolle ist besser.

Warum wachsen Fingernägel schneller als Fußnägel? Wer auf lackierte Fußnägel steht, der muß sie schon im Winter wachsen lassen, damit sie im Frühling schön lang und richtig in Form sind. Denn mehr als ein Millimeter im Monat ist bei Fußnägeln nicht drin. Wenn überhaupt. Fingernägel dagegen wachsen drei- oder viermal so schnell. Abgesehen davon, daß wir uns fürs Nägelschneiden nicht so oft bücken müssen, hat dies für die meisten von uns keine Konsequenzen. Doch für den belanglosen Unterschied gibt es einen gewichtigen Grund: die Schwerkraft. Die Anziehungskraft der Erde bremst das Wachstum unserer Fußnägel. Das ist kein Scherz, sondern trifft den Nagel vielmehr auf den Kopf!

Der Mensch hat den aufrechten Gang erst vor einigen Millionen Jahren erworben. Seither macht ihm die Schwerkraft stärker zu schaffen als zuvor. Das Blut, das in unserem Körper zirkuliert, tendiert nämlich dazu, sich in den Beinen zu stauen. Dort ist der Blutdruck am höchsten. Schon beim morgendlichen Aufstehen sackt ein halber Liter Blut zusätzlich in die Beine. Die Muskeln in den Venenwänden müssen es ständig entgegen der Schwerkraft nach oben transportieren, damit es zum Herzen zurückfließen kann. »An diese schwierige Durchblutungssituation ist der Mensch vermutlich noch nicht besonders gut angepaßt«, sagt Hagen Tronnier, Leiter des Instituts für experimentelle Dermatologie der Universität Witten-Herdecke. Jedenfalls treten Durchblutungsstörungen und Krampfadern vor allem in den unteren Extremitäten auf. Insbesondere im Alter, wenn das Herz nicht mehr so leistungsfähig ist, staut sich Flüssigkeit in den Beinen. »Die Durchblutung ist in den Fingern besser als in den Füßen«, sagt Tronnier. Der Fuß wird nicht so gut mit frischem Sauerstoff und Nährstoffen beliefert. Folglich wachsen in den Hautschichten unserer Zehen auch weniger Zellen nach, die verhornen, am Nagelbett anhaften können und dann kontinuierlich nach vorne geschoben werden. Bis zum Beispiel nach einem Unfall ein fehlender Fußnagel nachgewachsen ist, vergeht ein ganzes Jahr. Wenn sich im Alter die Durchblutung verschlechtert, können wir dies auch an unseren Fingernägeln erkennen. Sie sind dann längs geriffelt, weil die vielen Zentren, die den Nagel bilden, nicht mehr gleichmäßig gut versorgt werden.

Warum sind Blumen bunt? Manche Pflanzen gehen mit ihren Pollen verschwenderisch um. Gräser zum Beispiel und etliche bei uns heimische Bäume. Sie schenken ihren Blütenstaub dem Wind, der nicht nur Allergiker damit reizt, sondern andere Pflanzen bestäubt, die die Pollen mit ihren großen Narben einfangen. Die vom Wind bestäubten Pflanzen haben nur unscheinbare, farblose Blüten. Sie brauchen sich für die Fortpflanzung nicht zu schmücken. Allerdings ist die Pollenproduktion für sie sehr viel energieaufwendiger als für jene Pflanzen, die versuchen, ihren Blütenstaub gezielt an den richtigen Ort zu bringen.

Blumen locken Tiere an, die den Pollen zur nächsten Blume tragen sollen: Nachtfalter oder Fliegen, Bienen und Hummeln, Käfer oder Schmetterlinge, Fledermäuse und Kolibris. Für diesen Botendienst muß ihnen die Blume etwas bieten. Den süßen Nektar zum Beispiel, den sie vergleichsweise leicht herstellen kann. Sobald er zur Genüge vorhanden ist, macht die Blume die Insekten und Vögel mit prächtigen Farben und erotischen Düften auf sich aufmerksam, letzteres vor allem dann, wenn sie nachts blüht.

Um etwa eine Fliege anzulocken, reicht eine kräftige gelbe Farbe der Blüte aus. Viel mehr versteht die Fliege ohnehin nicht. »Bienen dagegen sind lernfähig«, sagt Susanne Renner, Leiterin des Botanischen Gartens München-Nymphenburg. Sie erkennen viele Farben und Muster, wie die des Vergißmeinnichts, das außen blau ist und innen einen kleinen gelben Ring hat. »Der gelbe Ring liegt da, wo auch der Nektar sitzt«, sagt die Reproduktionsbiologin. »Und genau dahin geht die Biene mit dem Rüssel.« Deckt man in einem Experiment den farbigen Ring ab, findet die Biene den Nektar viel langsamer.

Die Blütenpracht eines Frühlingstages ist das Ergebnis zahlloser Bemühungen der Pflanzen, Insekten und Vögel anzuziehen. Dabei kann das menschliche Auge nicht einmal alle Erkennungsmerkmale wahrnehmen, die den Weg zum Nektar weisen. Für das Insektenauge ist die Blumenwelt noch vielfältiger. Bienen haben einen anderen Farbensinn als wir. Sie sehen eine Mohnblüte nicht rot, sondern registrieren das für uns unsichtbare ultraviolette Licht, das die Blüte stark reflektiert.

Erstaunlich weit fortgeschritten ist die parallele Entwicklung von Orchideen und Insekten. Die Unterlippe einiger Orchideenblüten sieht in den Augen ihrer männlichen Bestäuber wie der Hinterleib des begehrten Weibchens aus. Obendrein produziert die Pflanze noch einen Duftstoff, der dem Sexuallockstoff der Insekten ähnelt. Derart getäuscht, beginnt das Männchen, an der Blüte rüttelnd, den zum Scheitern verurteilten Paarungsakt. Der Blütenpollen rieselt dabei über seinen Körper, und so kann es ihn zur nächsten Orchidee mitnehmen.

Warum kippt der Radfahrer nicht um? Ein Stuhl sollte mindestens drei Beine haben, sonst fällt er um. Das Fahrrad dagegen bleibt mit nur zwei Rädern auf Kurs. Sobald es einmal mit ausreichender Geschwindigkeit rollt, braucht man nicht einmal mehr großartig zu balancieren, um im Sattel zu bleiben. Das Ding fährt fast wie von selbst.

Das Rad ist ein kleines technisches Wunderwerk. Vor allem, wenn es ganz alleine dahergerollt kommt, wie etwa bei dem ehemals beliebten »Reifentreiben«: Nur mit einem kleinen Stock und ein bißchen Geschick kann man einen großen Reifen in Fahrt bringen, der sich dann leicht pendelnd vorwärtsbewegt. »Das rollende Rad versucht seine Rollrichtung beizubehalten«, sagt der Physiker Falk Riess, Leiter der Arbeitsgruppe Fahrradforschung der Universität Oldenburg. »An seinen Außenrändern sitzt eine erhebliche Masse, und wegen der nach außen gerichteten Zentrifugalkraft wirkt sich diese äußere Masse stark auf die Richtung der Bewegung aus.«

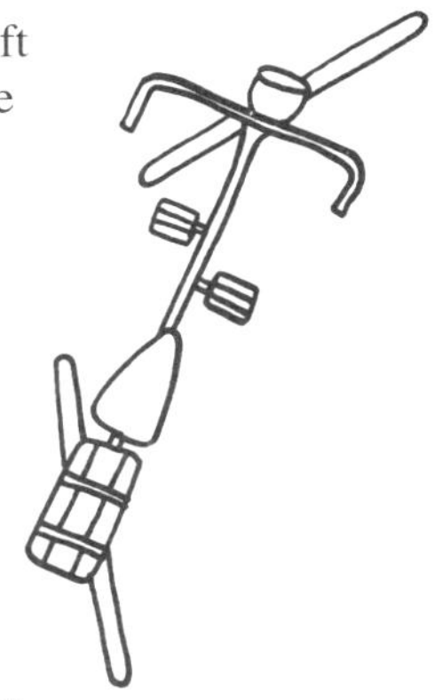

Sobald das Rad ein bißchen aus seiner Ruhelage gekippt ist, kehrt es in die Geradeausstellung zurück. Wegen ihrer schweren Felgen und Reifen halten insbesondere Hollandräder ihren Kurs gut bei. Die Kunst des Fahrradfahrens besteht deshalb in erster Linie darin, die Kräfte, die das Rad selbsttätig stabilisieren, möglichst wenig zu stören. Das gilt zumindest für Geschwindigkeiten von etwa 10 bis 30 Kilometern pro Stunde.

Den Lenker oder die Gewichtsverlagerung setzt man beim Start und bei langsamerer Fahrt häufig ein, um Neigungen auszugleichen. Man benötigt sie aber auch, um Kurven zu fahren: Schnelle Fahrer legen sich stark in die Kurve, damit die nach außen wirkende Zentrifugalkraft sie nicht umwirft. Der gemütliche Radler dagegen steuert für eine Linkskurve zunächst leicht nach rechts, was eine kleine Neigung des Rades nach links zur Folge hat. Um dieses Kippen wieder auszugleichen, lenkt er dann, den wirkenden Kräften gehorchend, nach links, legt sich ein wenig zur Seite und nimmt die gewünschte Kurve.

Das aktive Radfahren verlangt allerdings keine derartige gedankliche Kurvenfahrt. Wir beherrschen das Abbiegen mit ein wenig Übung ganz intuitiv. Nur das Kleinkind kann damit erhebliche Probleme bekommen, zum Beispiel wenn es das Radfahren zunächst mit Stützrädern lernt. Eine richtige Kurvenfahrt ist mit drei Rädern kaum möglich. Mit dem Dritten sitzt man zwar besser, aber das Fahrradfahren lernt man damit nicht besonders schnell.

Warum kann die Biene nur einmal stechen? Die Biene hat eine gefährliche Waffe. Mit ihrem Stachel kann sie den Panzer einer Wespe oder die Haut eines Säugetiers durchbohren. Greift sie einen Bären oder einen menschlichen Honigdieb an, bleibt der Stachel stecken. Er hat Widerhaken. Sobald die Biene versucht, wieder loszukommen, reißt sie sich den ganzen Stechapparat mitsamt Giftblase, Muskeln und Nervenknoten aus dem Hinterleib, woraufhin sich der Stachel von selbst noch tiefer in die Wunde bohrt und Gift hineinpumpt.

Bald nach dieser Attacke stirbt die Biene. Sie kann nur einmal zustechen und greift daher niemals grundlos an. Wenn eine Biene beim Nektarsammeln gestört wird, zieht sie sich im Zweifelsfall zurück. Am Bienenstock aber, wo die Vorräte lagern und das ganze Bienenvolk in Gefahr ist, gibt es keine Flucht. »Da geht's um die Verteidigung einer ganzen Kolonie«, sagt Nikolaus Koeniger, Leiter des Instituts für Bienenkunde in Oberursel. »Bienenvölker sind sehr groß und eine lohnende Beute für Dachse oder Bären.« Gegen solche Honigräuber muß sich das Volk verteidigen. Deshalb beziehen Wächterbienen am Eingang des Bienenstocks Position, kontrollieren jede eintreffende Biene mit ihren Fühlern und gehen auf unerwünschte Eindringlinge los.

Mit dem ersten Stachel, der in der Haut des Angreifers steckenbleibt, wird nicht nur schmerzhaftes Gift injiziert, sondern der Feind zusätzlich mit einem Geruchsstoff markiert, der die anderen Bienen alarmiert. Nun kommen die Wächterbienen in Schwärmen, um den Feind zu bekämpfen. Vor allem in tropischen Regionen, wo es viele potentielle Honigräuber gibt, ist ein Bienenstock nur dann sicher, wenn die chemische Markierung lange erhalten bleibt. Um dies zu gewährleisten, hat sich in der Evolution der Bienen eine Kamikaze-Strategie durchgesetzt: Die erste Biene opfert ihr Leben und lockt mit dem zurückbleibenden Duftstoff Streitkräfte herbei, die den Feind in die Flucht schlagen. Würde sie am Stachel hängenbleiben, könnte der Räuber sie mit seiner Pfote wieder abstreifen. Der abgetrennte und mitsamt Gift in die Haut eingedrungene Stachel aber läßt sich nicht mehr entfernen.

Die asiatischen Riesenhonigbienen etwa sind Meister der Verteidigung. Diese Todesflieger verfolgen Eindringlinge über einen Kilometer weit und erreichen damit, daß diese sich der Kolonie kein zweites Mal nähern.

Bei uns heimische Honigbienen sind weniger resolut. Sie verhalten sich auch ganz anders als Wespen. Letztere schneiden eine Wunde regelrecht auf, wenn sie ihren Stachel zurückziehen. Sie sind räuberische Insekten, die tierische Nahrung bevorzugen und oft und gerne stechen. Die Biene ist Vegetarier. Und friedfertiger.

Warum hält Sekundenkleber? Die Larve der Gemeinen Florfliege ist außerordentlich gefräßig. Mit ihren kräftigen Saugzangen verspeist sie am Tag bis zu 50 Blattläuse. Sie schreckt auch nicht davor zurück, ihre noch nicht geschlüpften Geschwister zu vertilgen. Um dies zu verhindern, legen weibliche Florfliegen ihre Eier im Frühling bevorzugt einzeln ab: Sie tupfen mit dem Hinterleib einen Klebstoffklecks auf ein Blatt, ziehen ihn zu einem Faden in die Länge und kleben ihr Ei daran. In Sekundenschnelle härtet der Faden aus, und die Eier hängen schließlich zu Hunderten an feinen Stielen.

Die Florfliege trägt ihren Sekundenkleber stets mit sich herum. Die kleinen Tröpfchen haben eine gewisse Ähnlichkeit mit dem, was wir aus einer profanen Tube quetschen: Auch sie werden erst an der Luft hart, wobei lange Eiweißmoleküle in dem Tröpfchen wie ein Knäuel Spaghetti zusammenpappen.

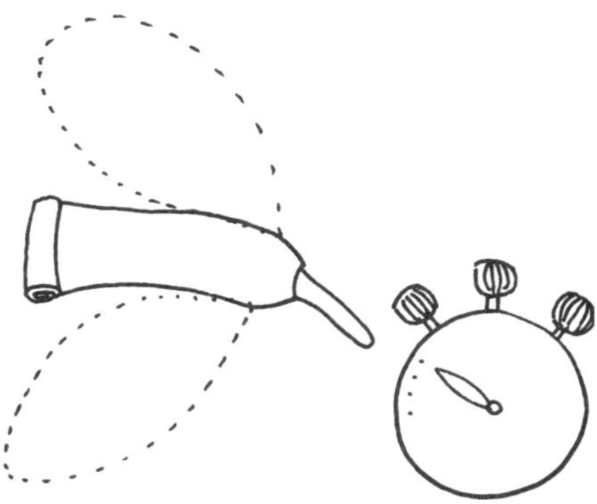

Der käufliche Sekundenkleber ist allerdings etwas anders zusammengesetzt. Seine Flüssigkeit besteht aus

Cyanoacrylat-Molekülen. Solche Moleküle sind recht einfach strukturiert. Aber kaum daß sie mit Wasser in Berührung kommen, geht der Kuddelmuddel los. »Sobald ein bißchen Feuchtigkeit da ist, finden sich die einzelnen Moleküle zu einer großen Kette zusammen«, sagt Werner Preusser, Physikochemiker am Österreichischen Institut für Klebtechnik in Wien. »Dazu reicht schon die normale Luftfeuchtigkeit auf einer Oberfläche aus.« Sie knackt die ursprünglichen Molekülbindungen und sorgt für neue, weitreichende Verflechtungen. Und weil Feuchtigkeit nahezu allgegenwärtig ist – leider auch auf den Fingern –, wird der flüssige Klebstoff sehr schnell fest. »Der ausgehärtete Klebstoff ist dann nichts anderes als Kunststoff«, sagt Preusser.

Preßt man den noch flüssigen Sekundenkleber gegen eine Oberfläche, dann pappen sie im Nu zusammen. Er trifft dort nicht nur auf die nötige Feuchtigkeit. Die langen Molekülketten mit ihren wechselnden elektrischen Ladungen finden auch auf fast allen Kontaktflächen anziehende Partner: Winzige Abschnitte positiver Ladung haften an negativ geladenen Arealen der Oberfläche und umgekehrt.

Gegensätze ziehen sich eben an – so wie die Florfliegenlarve nach der Blattlaus lechzt. Nur daß es in diesem Fall für die Blattlaus immer negativ ausgeht.

Warum wird Butter ranzig? Fett schwimmt oben. Auch in frischer Milch steigen mit der Zeit Fetttröpfchen auf, weil sie leichter sind als Wasser. In homogenisierter Milch dagegen nicht, weil die Fetttröpfchen beim Homogenisieren unter hohem Druck zerkleinert werden. In einer Milchtüte setzt sich daher auch kein Rahm auf der Oberfläche ab, wohl aber, wenn man Frischmilch lange stehenläßt. Den Rahm kann man abschöpfen, um daraus Butter zu machen.

Butter besteht aus vielen verschiedenen Milchfetten. Sie wird ranzig, wenn diese Fette durch den Einfluß von Sauerstoff in ihre Bestandteile aufgespalten werden: in die übelriechende Buttersäure, aber auch in andere, nicht minder geruchsintensive Fettsäuren und deren Bruchstücke.

Fettsäuren sind die Grundstoffe aller Fette. Sie bilden lange Ketten aus zehn bis zwanzig Kohlenstoffatomen. In einer gesättigten Fettsäure verbindet sich jedes einzelne dieser Atome mit je zwei Wasserstoffatomen. Fehlen in dieser Abfolge jedoch irgendwo ein oder mehrere Wasserstoffatome, so ist die Fettsäure ungesättigt – und damit besonders reaktionsfreudig. Denn an den Fehlstellen geht sie mit Vorliebe neue Verbindungen ein. »Je ungesättigter eine Fettsäure ist, um so leichter lagert sich Sauerstoff daran an«, sagt Werner Richter, Leiter des Instituts für Fettstoffwechsel und Hämorheologie in Windach. Mit der nun einsetzenden Oxidation nimmt die Zersetzung der Fettsäure ihren Lauf, Geschmack und Farbe der Butter ändern sich.

Es dauert zwar lange, bis Butter wirklich ranzig wird. Damit das Fett jedoch nicht langsam, aber sicher verdirbt, sollte man sie in einem geschlossenen Topf aufbewahren, der sie vor Luft und vor Mikroorganismen schützt. Auch Licht und Wärme beschleunigen die Zersetzung. So fängt Fritierfett, das bereits mehrfach benutzt und stark erhitzt wurde, zu stinken an.

Die Hersteller fügen der Butter überdies Stoffe zu, die die Sauerstoffreaktionen der ungesättigten Fettsäuren unterbinden sollen. Zu diesen »Antioxidantien« gehört das aus Pflanzen gewonnene Karotin. Es gibt der Butter und so manchem Käse ihre gelbe Farbe. Zudem ist es gesund, weil unser Körper es zu Vitamin A umwandelt.

Warum schläft der Arm ein? Es gibt kaum eine heiklere Lebenslage als die Einschlafposition. Vor allem, wenn man nicht alleine im Bett liegt. Darf man dem Partner, der Bequemlichkeit halber, die ganze Nacht den Rücken zukehren? Oder sollte man, andersherum, wegen der Zuwendung Atem in Atem und Knie gegen Knie in den Schlaf ziehen? Frisch Verliebte bevorzugen oft eine dritte Variante: Die Frau ruht im

Arm des Mannes, und beide schmiegen sich aneinander wie zwei Löffel im Besteckkasten. So lange, bis er einschläft – der Arm.

Zuerst kribbelt der Daumen, dann der Zeigefinger. Bald darauf laufen die Mißempfindungen wie Ameisen den Arm hinauf, dem Ort entgegen, an dem der eingequetschte Nerv um Hilfe ruft. Dort liegt der Kopf der Frau genau auf dem *Nervus radialis,* dessen Ausläufer bis hinunter in die Fingerspitzen reichen. Werden solche Hilferufe nicht wahrgenommen, etwa wegen ein paar Gläsern Alkohol zuviel am Abend, kann dies sogar zu einer Lähmung der Hand führen, die auch als »Paralysie des amoureux« oder »Saturday night palsy« bekannt ist.

Der beim Einschlafen oder bei einer Umarmung auf der Parkbank eingeklemmte *Nervus radialis* verläuft ungeschützt um den Knochen. Er ist leicht verletzbar. Noch häufiger als diesen klemmen wir uns den *Nervus peronaeus* ab. Er schlängelt sich unterhalb der Kniekehle um das Köpfchen des Wadenbeins. Sitzen wir mit übereinandergeschlagenen Beinen, kann seine Signalübertragung gestört werden. »Die Signale laufen durch den Nerv wie durch ein Stromkabel«, sagt Bruno-Marcel Mackert, Neurologe an der Berliner Charité. Dieses Kabel wird jedoch nur abschnittsweise durch eine ringförmige Hülle isoliert. Dazwischen liegt der Nerv blank. Das hat den Vorteil, daß die elektrischen Signale von einem blankliegenden Nervenring direkt zum nächsten springen können.

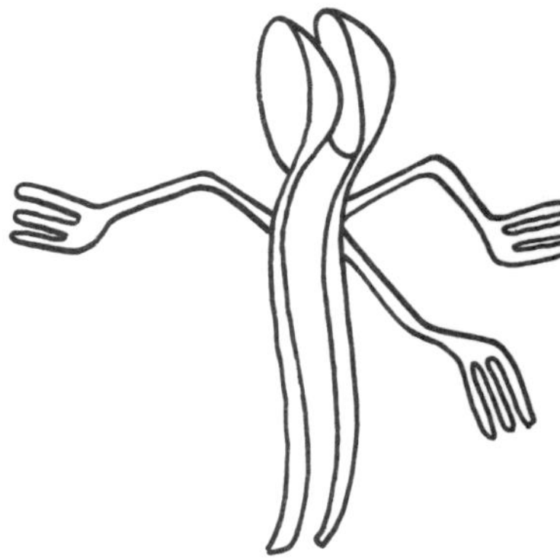

Starker Druck oder Durchblutungsstörungen beeinträchtigen diese schnelle »saltatorische Reizleitung«. Und da das Gehirn zwischen einer Störung im Kabel und einer Störung am Ende der Nervenfaser nicht zu unterscheiden vermag, spüren wir ein Kribbeln in den Zehen. Es dehnt sich auf den ganzen

Hautbereich aus, den der Nerv versorgt. Der Fuß schläft ein – Zeit, die Position zu wechseln.

Und der Liebende? Auch ihn fordert das Kribbeln in den Fingern auf, sich aus der Umarmung zu lösen. Aber muß das sofort sein, contre cœur? Oder darf man sich vielleicht doch noch ein paar Minuten anschmiegen? Reine Nervensache.

Warum hat der Golfball so viele Dellen? »Dreht der Ball nach rechts, ist es ein Slice. Dreht er nach links, ist es ein Hook. Und fliegt er geradeaus, dann ist es ein Wunder.«

Der Golfball, maximal 45,39 Gramm schwer, soll ins Loch. Oder wenigstens erst einmal auf den kurzgeschnittenen Rasen drumherum, das Grün. Das aber ist weit weg: mehr als 100 Meter entfernt, manchmal sogar 500 Meter. Einen Golfball mit einem Schlag auf geradem Wege ans Ziel zu bringen ist eine Meisterleistung. In der Regel gelangt der Ball über einige Umwege dorthin. Oft kriegt er einen seitlichen Drall, weil der Schläger leicht gedreht ist oder nicht parallel zur Verbindungslinie der Füße bewegt wird. Der Golfball rotiert dann während des Flugs um seine senkrechte Achse, driftet ab, und der Spieler muß ihn im Dickicht oder in der Sandgrube suchen.

So unerwünscht ein Links- oder Rechtsdrall meist ist, so vorteilhaft ist eine Rotation um die waagerechte Achse. Schlägt man den Ball nämlich mit Rückwärtsdrall ab, so fliegt er deutlich weiter. Das liegt an der Luftströmung: Durch den Rückwärtsdrall verringert sich während des Fluges der Druck auf der Balloberseite. Der Ball bekommt Auftrieb. Und fliegt. Und fliegt.

Damit ist die Fahnenstange aber unter Umständen noch nicht erreicht. Auch die Beschaffenheit des Balles ist für einen weiten Flug ausschlaggebend. Früher galt: Der Ball sollte besser alt sein als neu. Denn fast doppelt so weit wie ein glatter Golfball kann einer mit aufgerauhter Oberfläche fliegen. Heute verpaßt man dem Golfball aus diesem Grund viele kleine Vertiefungen: die Dimples. Wie viele es sind, wie tief sie sind und welche Form sie haben, ist eine Wissenschaft für sich. In der Regel sorgen heutzutage 392, 416 oder noch mehr solche Dimples während des Fluges für eine turbulente Luftströmung knapp über der Oberfläche.

Diese Turbulenzen engen die leidigen Verwirbelungen ein, die der fliegende Ball nach sich zieht. »Dadurch sinkt der Druckwiderstand des Golfballs«, sagt der Physiker Helmut Appel von der Universität Karlsruhe. Der Ball schießt noch weiter durch die Luft. Erreicht man mit einem glatten Ball 125 Yards, so fliegt er nun 215 Yards weit, rechnet Appel vor. Die Dimples müssen dazu allerdings ganz gleichmäßig über den Ball verteilt sein, er muß möglichst kugelsymmetrisch bleiben. Sonst bekommt er wieder Schlagseite.

Warum brennt die Nessel? Der Brennesselbusch ist niedergetreten. Während die Beine anfangen zu jucken, macht sich die Einsicht breit, daß es wohl klüger gewesen wäre, einen weiten Bogen um die Pflanze zu machen. Denn eine Begegnung mit ihr ist eine haarige Angelegenheit.

Auf Stielen und Blättern der Brennessel wachsen winzige Härchen. Sie sollen Käfer oder Insekten daran hindern, an ihr hochzukrabbeln. Die vielen feinen Härchen brennen nicht, aber zwischen ihnen schießen, wie Giftstacheln, in regelmäßigen Abständen deutlich längere Haare hoch. Diese Brennhaare sind innen hohl und spröde wie Glaskanülen. Sie bestehen hauptsächlich aus Kieselsäure. Den Mineralstoff nimmt die Nessel aus dem Boden auf und baut ihn in die dünnen, sich nach oben hin verjüngenden Nadeln ein. Ganz oben, an der Spitze, werden die Brennhaare wieder etwas dicker und schließen mit einem schräg aufsitzenden Köpfchen ab.

»Schon bei der kleinsten Berührung bricht die Spitze des Brennhaares unterhalb des Köpfchens ab und dringt in die Haut ein«, sagt Gisela Dreyling, Biologin am Institut für Angewandte Botanik der Universität Hamburg. Die Flüssigkeit im Innern der Giftampulle, die bis dahin unter Druck gestanden hat, wird nun in die gläserne Nadel gepreßt. Da die Bruchkante schräg verläuft, ist die Öffnung entsprechend weit und kann sich nicht so leicht zusetzen. So schießt das unliebsame Gemisch aus Ameisensäure, Harnsäure, Acetylcholin, Histamin und anderen Stoffen ungehindert in die Haut. Es verursacht ein Brennen und Jucken, das noch stärker wird, wenn man an den sich bildenden Pusteln reibt und das Gift dabei nur noch weiter verteilt.

Mit dem Gift wappnet sich die Brennessel gegen allerlei Freßfeinde. Vor den Schmetterlingsraupen des Tagpfauenauges oder des Admirals vermag sie sich allerdings nicht zu schützen. Die Raupen fressen sich an den Blättern satt, laufen dabei an den haarlosen Blatträndern und -nerven entlang und gehen jeder Gefahr geschickt aus dem Wege.

Uns machen die Waffen der Brennessel manchmal bange. Wir weichen vor den gezackten Blättern zurück, trampeln die Pflanze nieder oder versetzen ihr bei der Gartenarbeit einen groben Hieb. Dann ist Sense.

Warum wird Fleisch zäh? Rauch in Nachbars Garten. Ein Knistern und Brutzeln, Stimmengewirr, Gläser klirren. Dann der Duft gegrillter Steaks. Ach ja, man könnte auch selbst einmal wieder ein Barbecue ausrichten! Zunächst müßte dazu ein gutes Stück Fleisch her. Ein Filetstück etwa aus der Rükkenmuskulatur eines Bullen, eins mit möglichst wenig Bindegewebe, jenem zähen Eiweiß, das erst durch langes Garen in lösliche Gelatine verwandelt werden kann. Es darf ruhig eine dicke Scheibe sein: 2,5 Zentimeter sollte das Steak schon haben. Vielleicht sogar noch etwas mehr, dann bleibt es später eher saftig.

Wer das Fleisch salzt, bevor es auf den Grill kommt, braucht sich dagegen über die »Schuhsohle« nicht zu wundern. Zwar ist das Fleisch für Salzmoleküle undurchlässig. Aber gerade weil sie nicht hineinkönnen, fließt nun das Wasser aus dem Fleisch heraus, um das Salz zu verdünnen und damit einen Ausgleich

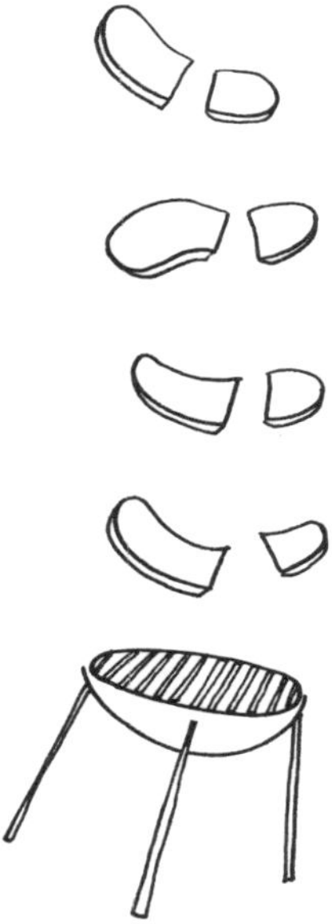

der Salzkonzentration zwischen Innen und Außen herzustellen. Die Folge: Das Fleisch trocknet zu schnell aus.

Beim Erhitzen verliert Fleisch allerdings ohnehin unweigerlich Saft. Daß man es nur scharf anbraten müsse, »um die Poren zu schließen«, sei eine Mär, sagt Wolfgang Branscheid, Leiter des Instituts für Fleischerzeugung und Vermarktung der Bundesforschungsanstalt für Ernährung und Lebensmittel in Kulmbach. »Da schließen sich keine Poren. Die bleiben immer offen.« Die Kunst des Grillens besteht darin, die Temperatur und die Garzeit richtig zu wählen. Kurz genug, daß das Steak möglichst viel von seinem Saft behält, lang genug, daß es innen gar und außen knusprig ist.

Aller Anfang ist heiß. An der Oberfläche verdampft bei mehr als 100 Grad Celsius Wasser, die Eiweißmoleküle des Fleisches verbinden sich mit Zuckern, den Energiereserven der Muskelfasern. Aus solchen Verbindungen spalten sich viele flüchtige Aromastoffe ab, es entstehen braune Pigmente. Das Steak bekommt nun den charakteristischen Grillgeschmack und die gewünschte Kruste.

Weiter innen ist das Fleisch noch nicht so heiß. Die Temperatur muß gerade so hoch sein, daß sich das zähe Bindegewebe in weiche Gelatine verwandelt, bevor das Eiweiß der Muskelfasern so weit geronnen ist, daß aller Saft bereits entwichen ist. Je weniger Bindegewebe das Fleisch hat, desto leichter gelingt's. Ein Stück Lende oder Hochrippe zum Beispiel ist für die Grillparty bestens geeignet.

Warum platzen Würstchen in Längsrichtung? Bei der Einführung der Dampfmaschine gab es zahllose Pannen. Vor allem die zylinderförmigen Druckkessel waren unsicher, ihr

Betrieb wurde vom »Dampfkesselüberwachungsverein« beaufsichtigt, dem Vorgänger des heutigen TÜV. Immer wieder explodierten Apparaturen, die Druckbehälter platzten vorzugsweise in Längsrichtung. Das gleiche Schicksal kann einen Feuerlöscher, eine Hydraulikleitung, einen Gartenschlauch oder auch ein Brühwürstchen ereilen: Wenn der Druck von innen zu groß wird, reißt irgendwann, meist schnurgerade, eine Längsnaht auf. Jedoch nie eine Rundnaht. »Bei einem zylinderförmigen Druckbehälter sind Längsnähte immer doppelt so stark belastet wie Rundnähte«, sagt Dieter Wissussek, Maschinenbauer am Institut für Konstruktionstechnik und Kolbenmaschinen der Universität Essen. Wenn's um größtmögliche Sicherheit geht, sind daher kugelige Behälter ideal, da gibt es nur noch Rundnähte.

Wölbungen bringen grundsätzlich eine zusätzliche Steifigkeit. Die nutzen Ingenieure aus, indem sie zum Beispiel den Boden eines Fahrzeugtanks mit kleinen Rinnen versehen, den Sicken. »Man muß nicht unbedingt mit dem Material klotzen und die Wände dicker machen, man kann auch allein durch die Form Steifigkeit erzeugen«, sagt Wissussek. Beim Würstchen sind dem allerdings enge Grenzen gesetzt. Ihr feines Brät, das kleingehackte Fleisch, steckt meist in einem dünnen Naturdarm. Er ist prall gefüllt. Erhitzt man das Würstchen, bläht es sich sofort auf, der steigende Innendruck geht direkt auf die Pelle. Ein Design mit kleinen Rinnen in der Wursthaut scheidet naturgemäß aus. Der Festigkeit wegen könnte man es mit Wurstkugeln versuchen, ähnlich einer Bulette. Die aber läßt sich weder gleichmäßig erhitzen noch so gut essen wie Bratwurst und Wiener. Bei einer Prüfung durch den TÜV würde das Würstchen trotzdem gar nicht so schlecht abschneiden. Die Hersteller versuchen, wie es scheint, das Beste aus den Erkenntnissen der Ingenieure zu machen: Der Trend geht zum dünnen Würstchen. Das platzt nicht ganz so leicht. Je dicker das Würstchen ist, um so größer wird die Spannung.

Warum geht der Wasserläufer nicht unter? Mit ausgestreckten Beinen liegt er auf dem Wasser. Die langen Unterschenkel seiner Mittel- und Hinterbeine drücken die Wasseroberfläche nur ganz leicht ein. Mit einem Mal spürt er winzige Wellen, die seine Beine auf und ab schaukeln lassen, ortet mit ihrer Hilfe seine Beute und springt los.

Obwohl er nicht schwimmen kann, hüpft der Wasserläufer über den Teich wie eine Heuschrecke übers Land. Die Wasseroberfläche trägt ihn wie ein gestrafftes Tuch, weil die Wassermoleküle fest zusammenhalten. Ihre gegenseitigen Anziehungskräfte machen aus dem Wasserfilm eine elastische Membran. Solange dieser Film nicht verletzt wird, schwimmen darauf sogar Objekte, die schwerer sind als Wasser: Mit ein wenig Geschick kann man selbst eine Münze aufs Wasser legen.

Der Wasserläufer bewegt sich allem Anschein nach mühelos auf dieser empfindlichen Haut. »Er hat ein Haarpolster an den Beinen«, sagt Ernst-Gerhard Burmeister, Leiter der Sektion Wasserinsekten der Zoologischen Staatssammlung München. An seinen Unterschenkeln und Füßen sitzen Tausende Härchen, die auch Luft einschließen. »Die Haare sind so fein, daß sie den Wasserfilm nicht beschädigen.«

Unter dem Druck seiner gepolsterten Beine spannt sich die Membran. Schlägt der Wasserläufer zur Fortbewegung mit seinen Mittelbeinen wie ein Ruderer auf den Teich, entstehen hufeisenförmige Wirbel unter der Wasseroberfläche. Durch diese Wirbel strömt das Wasser nach hinten, während das Insekt nach vorne schnellt – bei jedem Sprung ein paar Zentimeter weit. So kommt er schnell einem kleinen Bachläufer nahe, um ihn zu fangen und genüßlich auszusaugen.

Auch der Bachläufer ist Nichtschwimmer. Er kann nicht einfach abtauchen, wenn ihm der schnelle Wasserläufer nachsetzt. Aber er weiß sich zu verteidigen: Droht ihm Gefahr, so läßt er ein paar Tröpflein hinter sich ins Wasser fallen, die eine ähnliche Wirkung haben wie Spülmittel oder Haarshampoo, das manch einer unbedacht beim Baden im See verwendet. Die Tropfen vermindern die Oberflächenspannung des Wassers. Daher hilft nun auch die beste Polsterung nicht mehr: Der Wasserläufer geht unweigerlich unter, sobald er in diese Falle tappt.

Warum zirpt die Grille? Die Konzertsaison der Feldgrille dauert von Ende April bis Ende Juni. In dieser Zeit spielen die Männchen auf und locken mit ihren Wiesenserenaden die Weibchen an. Sie geigen mit den Flügeln: Auf der Unterseite ihrer Vorderflügel sitzen zirka 140 feine Zähne, einer neben dem anderen; auf der Oberseite hat der Flügel eine dicke, harte Kante.

»Alle Grillen sind Rechtsgeiger«, sagt Martin Dambach, Emeritus des Zoologischen Instituts der Universität Köln. »Mit der Zahnleiste ihres rechten Flügels streichen sie über die Schrillkante des linken Flügels.« Dabei geraten die kleinen Zähnchen in Schwingung, ihr leises Zirpen überträgt sich auf einen Lautsprecher: eine flexible Membran im Flügel. Sie verstärkt das Kri-kri-kri-kri und strahlt es in die Umgebung ab.

Die kleinen männlichen Feldgrillen spielen mit erstaunlicher Lautstärke. Sie stimmen drei verschiedene Lieder an. Als einsame Geiger müssen sie vor allem die Kunst der Verführung üben. Es ist wie so oft in der Natur: Das virtuose Männchen präsentiert seine Fähigkeiten, das anspruchsvolle Weibchen wählt aus. Vom späten Vormittag bis in die Nacht hinein zirpt das Männchen auf einem Platz vor seiner selbstgegrabenen, bis zu 20 Zentimeter langen Wohnhöhle, in der es als Larve überwintert hat und in die es sich bei Gefahr verzieht. Meist fiedelt es eine eintönige Lockmelodie. Hat sich ein Weibchen der Arena genähert und das Männchen mit den Fühlern betastet, legt sich der Streicher noch einmal ins Zeug und stimmt mit nunmehr ganz kurzen Silben eine Paarungsmelodie an, die auch als Triumphlied bezeichnet wird.

Die ihrerseits stumme Grillendame lauscht aufmerksam. Seltsamerweise sitzen ihre Ohren in den Beinen, wodurch beim Laufen zusätzliche Vibrationen des Trommelfells und damit verbundene Geräusche entstehen können. Aber wie dem auch sei: Gefällt ihr das Konzert, besteigt sie ihn. Später zieht sie sich dann wieder zurück, um Eier abzulegen.

Männliche Grillen zirpen allerdings nicht nur der Fortpflanzung wegen. Besonders laut werden sie, wenn es darum geht, das eigene Revier gegen ein anderes Männchen zu verteidigen. Jetzt muß sich zeigen, wer die erste Geige spielt. Sie fiedeln miteinander um die Wette, um dem Gegenüber zu imponieren. Dann verzieht sich einer von beiden, oder es kommt zum Kampf, der mit den Mundwerkzeugen, den Mandibeln, ausgetragen wird. In China werden solche Grillenkämpfe als Sportereignisse inszeniert, bei denen sich hohe Preisgelder erzielen lassen.

SOMMER

Warum wird dem Glühwürmchen nicht heiß? Wenn es Nacht wird, zieht die Leuchtkäferdame die Blicke auf sich. Sie sitzt im Gras, hebt ihren feurigen Hinterleib und gibt ihren flugfähigen männlichen Artgenossen grünes oder gelbes Licht: ein Käferstündchen? Auf den ersten Freier braucht sie in der Regel nicht lange zu warten. Denn bei den Leuchtkäfern, die hierzulande auch Glühwürmchen genannt werden, sind die Männchen meist in der Überzahl. Jedes Glimmen und Blinken ist ein Lichtblick in ihrem kaum mehr als zweiwöchigen Käferleben.

Mit artspezifischen Signalen nehmen Glühwürmchen über große Entfernungen hinweg Verbindung auf. Ihre Leuchtorgane sind wirkungsvolle Scheinwerfer: Hinter den durchsichtigen Fenstern am Unterleib liegen die eigentlichen Lichtzellen und dahinter Reflektoren, die alle Strahlen wie Spiegel nach außen werfen. »Glühwürmchen verfügen über den effizientesten Leuchterzeugungsprozeß, den wir kennen«, sagt Dieter Weiß vom Institut für Organische Chemie der Universität Jena. Während eine Glühbirne nur fünf bis zehn Prozent der Energie in Licht umwandelt und den Rest als Wärme abgibt, ist die Lichtausbeute der kleinen Käfer erheblich höher. »Sie setzen weit über 90 Prozent der chemisch erzeugten Energie in Licht um«, sagt Weiß, der die Lichtreaktionen der Leuchtkäfer erforscht hat.

Das Glühwürmchen glüht nicht wirklich. Es sendet kaltes Licht aus. Die Quelle dafür ist das Leuchtmolekül Luciferin. Dieses Molekül wird im Zusammenspiel mit Sauerstoff und anderen Substanzen oxidiert und fällt schließlich unter Lichtabstrahlung wieder in den ursprünglichen, energieärmeren Zustand zurück. Die ganze biochemische Reaktionskette kommt allerdings nur durch die Hilfestellung eines sehr komplexen Biokatalysators zustande. Dieser aus mehreren tausend Atomen zusammengesetzte Stoff, die Luciferase, läßt sich bisher nicht auf künstlichem Weg herstellen.

Leider, denn im Vergleich zur Leuchtreaktion des Glühwürmchens sind unsere Glühbirnen wenig effizient. Sie werden heiß. Das Käferlicht dagegen macht allenfalls die potentiellen nächtlichen Partner heiß. So heiß, daß sich manches Glühwürmchen von Glanz und Glamour des weiblichen Geschlechts hinters Licht führen läßt.

Zum Beispiel von einem Weibchen der Gattung *Photuris*. Die Dame täuscht den Männchen einer anderen Gattung, *Photinus*, vor, eine geeignete Partnerin für sie zu sein. Sie hat deren optischen Code geknackt und antwortet gekonnt auf ihr inständiges gelbes Blinken. Auf diese Weise lockt sie die Männchen an, um sie zu verspeisen. Blendende Schönheit, kalter Betrug.

Warum stechen bei Mücken nur die Weibchen?

»Du gehst zu Bett um zehne,
Du hast zu schlafen vor,
Dann hörst du jene Töne
Ganz dicht an deinem Ohr.«
WILHELM BUSCH

Eine Stechmücke hat den Weg ins Schlafzimmer gefunden. Ihr hochfrequentes Sirren verheißt nichts Gutes, auch wenn sie in unseren Breiten keine Krankheiten wie Malaria oder Gelbfieber überträgt. Kaum ist der Kopf im Kissen versunken, steuert sie bereits, von Duftstoffen unserer Haut angezogen, ein warmes Landeplätzchen an.

Das findet sie zum Beispiel an einer gut zugänglichen Stelle auf der Stirn oder am Handgelenk, wo die Blutgefäße nahe der Hautoberfläche liegen. Ihr feiner Stich ist kurz und schmerzlos. Vorsichtig, wie die Stechmücke ist, spritzt sie mit ihrem Speichel nicht nur Antigerinnungsstoffe, sondern auch ein schmerzlinderndes Mittel in die Stichwunde, um dem drohenden tödlichen Schlag zu entkommen.

Bei den meisten Mückenarten saugen nur die Weibchen Blut. »Sie brauchen Nährstoffe für ihre Eier«, sagt Klaus Hoffmann, Tierökologe an der Universität Bayreuth. »Vor allem Eiweiß.« Stechmücken bauen die Eiweißmoleküle in ihrem Darmtrakt ab und lagern sie in die Dotterproteine ihrer Eier ein, damit der zunächst im Wasser lebende Nachwuchs in der ersten Lebensphase genug zu futtern hat. So pumpt sich die Hausmücke, *Culex pipiens*, innerhalb weniger Minuten mit Blut voll, bis sie schließlich doppelt so schwer ist wie zuvor. Einigen Mückenarten genügt es, ein einziges Mal in ihrem Leben kräftig zu saugen, um ihre Eier legen zu können, andere benötigen bei jedem Zyklus frischen Lebenssaft.

Viele Stechmückenarten verschmähen das menschliche Blut jedoch. Die Mückenmännchen nehmen, wenn sie einmal erwachsen sind, ohnehin nur noch Pflanzensäfte, Wasser oder gar nichts mehr auf. Ihre einzige Bestimmung ist es, eine Partnerin zu finden. Sie fliegen dazu in Schwärmen umher oder sitzen ruhig da und spitzen die Ohren. Wenn sie schließlich das flirrende Weibchen wahrnehmen, geraten all ihre Antennenhärchen in Schwingung, sie selbst in einen Begattungstaumel.

Auch uns stehen die Haare zu Berge, wenn wir das Sirren der lästigen kleinen Blutsauger hören. Sollen wir trotzdem im Bett liegenbleiben und unserem Schicksal geduldig entgegensehen? Oder auf Jagd gehen, um uns im unwahrscheinlichen Erfolgsfall am nächsten Morgen über einen Fleck an der Wand zu ärgern?

Stellen wir uns erst einmal schlafend. Vielleicht erwischen wir sie ja diesmal auf frischer Tat.

Warum nähert sich der Vorhang beim Duschen? Der Duschvorhang ist das wohl größte Ärgernis im Bad. Kaum installiert, verliert er den ersten Haken, warten die Schimmelpilze im feuchten Faltenwurf der Folie bereits auf die Stunde der Vermehrung. Läuft dann das warme Wasser, nähert sich das gemeine Plastik wie vom Winde herangeweht. Erst flattert die Folie nur ein bißchen, und dann – schwupp! – klebt das PVC kalt am Bein und versucht als nächstes, sich um die Hüfte und die entblößte Schulter zu legen.

Mathematisch gesehen, ist das Verhalten des Duschvorhangs allerdings völlig korrekt. Das meint jedenfalls David P. Schmidt von der Universität von Massachusetts in Amherst. Der Experte für Sprays und Strömungen aller Art hat den Duschraum in 50000 Segmente unterteilt, um die Druckverhältnisse darin erstmals in einer umfangreichen Computersimulation zu studieren.

Zunächst hängt der Vorhang ganz entspannt an der Stange. Denn der Druck, den die Luftmoleküle auf den Duschvorhang ausüben, ist auf der Innen- und Außenseite gleich. Mit dem ersten Wasserstrahl aus der Brause ändert sich alles. Dafür gibt es mehrere klassische Erklärungsversuche: Zum Beispiel reißt das Wasser die Luftteilchen im Duschraum mit. Sie stoßen nun nicht mehr so stark gegen die Folie, so daß ein Unterdruck auf der Innenseite des Vorhangs entsteht. Der Druck auf der Außenseite gewinnt die Oberhand und drückt den Vorhang einwärts. Wenn der Vorhang nicht zu schwer ist, könnte hierfür wegen seiner großen Fläche bereits ein kleiner Druckunterschied genügen.

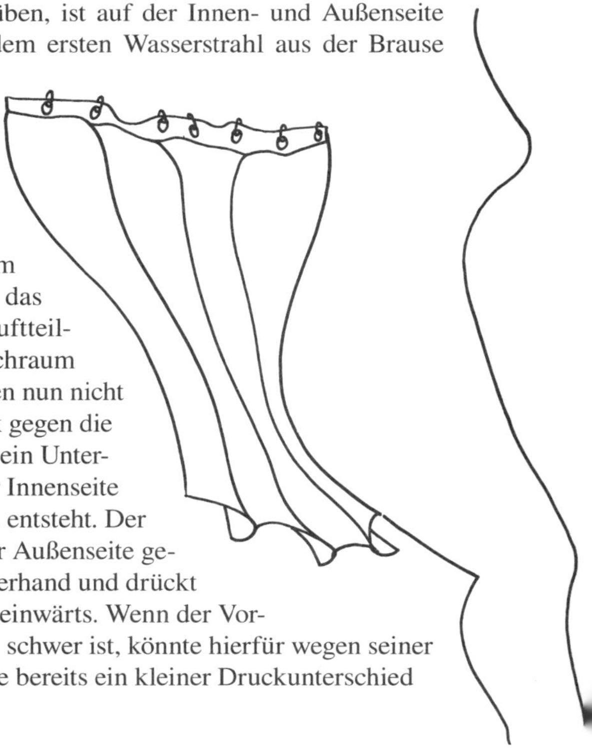

Schmidt hat bei seiner Computersimulation jedoch festgestellt, daß der Duschvorhang vor allem aus einem anderen Grund angesaugt wird. Die herabfallenden Wassertropfen treffen auf den Widerstand der Luft. Die dabei auftretenden Reibungskräfte bremsen nicht nur die Tropfen, sie setzen auch die Luft im Duschraum in Bewegung. Diese beginnt zu zirkulieren wie in einem Kamin. »Der Luftwirbel bleibt stabil, weil er kontinuierlich von dem Duschstrahl angetrieben wird.«

In der Duschkabine herrschen ähnliche Verhältnisse wie im Innern einer Windhose. Für Warmduscher verschlimmert sich das Problem noch, weil innen heiße Luft aufsteigt und von außen kältere Luft in den Duschraum nachströmt. Damit rückt der Vorhang näher und näher. Spätestens jetzt täte eine Befestigung not. Oder ein intelligentes Patent. Solange es das nicht gibt, kann man nur raten: Weg mit dem Duschvorhang!

Warum fühlt sich gefliester Boden kühl an? Unsere Haut ist nicht überall gleichermaßen wärme- und kälteempfindlich. Die Sinneszellen sitzen vereinzelt im Unterhautgewebe, Punkt für Punkt. Nur an diesen Stellen können wir Kälte und Wärme wahrnehmen. Allerdings liegen insbesondere die Kältepunkte dichtgedrängt. Das Gesicht ist rundum damit bestückt, auf dem Handrücken sind es immerhin noch bis zu drei Temperaturfühler pro Quadratzentimeter, die bei weniger als 37 Grad Celsius aktiv werden. Dagegen haben wir deutlich weniger Wärmesensoren. Vermutlich, weil wir uns an Hitze leichter anpassen können und es für unsere Organe eine größere Gefahr darstellt auszukühlen.

Doch ob kalt oder warm – große Temperaturunterschiede zwischen der Haut und der Umgebung nehmen wir in jedem Fall sofort wahr. Laufen wir etwa im Sommer barfuß herum, dann registrieren wir sogleich, ob die Sonnenstrahlen Asphalt oder Beton aufgeheizt haben. Steine können kurzzeitig so heiß werden und so viel Wärme aufnehmen, daß wir uns die Füße daran verbrennen. Erst gegen Abend, wenn sich die Sonne verzieht, geben sie ihre Wärme wieder ab.

Mit dem Steinfußboden in der Wohnung verhält es sich anders: Wir empfinden ihn als kühl, kälter jedenfalls als Holzdielen oder Teppich. Und das, obwohl in einem Zimmer, das gleichmäßig geheizt wird, alle Gegenstände dieselbe Temperatur haben. Hier drinnen gleichen sich sämtliche Temperaturunterschiede rasch aus. Die Kacheln im Badezimmer sind nicht kälter als das Handtuch, das am Haken hängt. Allerdings kann die Badezimmerfliese die Wärme besser weiterleiten als die Holzdiele. Und da unsere Füße in der Regel wärmer sind als der Boden, fließt auf dem Kachelboden sehr viel mehr Wärme von unserer Haut ab. Der Boden erscheint den Füßen kalt.

Es ist erstaunlich, daß wir diesen Unterschied der Wärmeleitfähigkeit von Stein und Holz so gut wahrnehmen können. »Die Sinneszellen sind geradezu erpicht darauf herauszufinden, ob es solch kleine Veränderungen gibt«, sagt Christoph von Campenhausen, Neurobiologe am Zoologischen Institut der Universität Mainz. Dabei geht es gar nicht so sehr um die Temperatur selbst. »Wir benutzen diese kleine Temperaturdifferenz, um Materialien zu erkennen und voneinander zu unterscheiden.« Metalle wirken kühl, an Styropor geben wir dagegen so gut wie gar keine Wärme ab, wenn wir es berühren.

Wir haben es heute mit vielen verschiedenen Werkstoffen zu tun, zum Teil mit völlig anderen als unsere Vorfahren. Aber auch für sie dürfte diese Information hilfreich gewesen sein. Wer auf Dauer auf einem steinigen Untergrund sitzt, dem kann viel Körperwärme verlorengehen. Auch wer sein Nest polstern möchte, sollte dafür das richtige Material wählen.

Warum hält ein Kamel die Hitze so gut aus? Das Kamel ist von Kopf bis Fuß auf Wüste eingestellt: angefangen bei den langen Wimpern und den verschließbaren flachen Nasenlöchern, die Schutz vor dem Sand bieten, bis hinunter zu den tellerförmigen Sohlen. Während uns die Füße weh tun, sobald wir über heißen Sand laufen, läßt die dicke, breite Schwielensohle unter dem Kamelfuß garantiert nichts anbrennen. Als Proviant für Wanderungen unter extremen Klimabedingungen tragen Kamele Höcker mit sich herum, das Trampeltier zwei und das Dromedar einen. In ihnen steckt fast das ganze Fett, von dem die Tiere zehren müssen, wenn sie einmal tagelang nichts zu fressen finden. Das Fett ist nicht rund um den ganzen Körper verteilt wie beim Pinguin, der sich damit polstert und warmhält. Es sitzt statt dessen an ein oder zwei Stellen konzentriert auf dem Rücken. So kann der Rest des Körpers die aufgenommene Wärme gut wieder nach außen abgeben.

Noch cooler als der Höcker ist das Fell. Uns tropft schon beim Gedanken an die Sahara das Wasser aus allen Poren, das Kamel dagegen rennt mit einem wolligen, krausen Fell durch die Wüste. Eine ausgezeichnete Isolierung! Die Luftpolster zwischen den Haaren schützen das Tier vor der Hitze, weil sie nur wenig Wärme eindringen lassen. Deshalb schwitzt das Kamel viel weniger als ein Mensch – es sei denn, es wird geschoren. Außerdem braucht das Kamel das dichte Fell, um sich nachts gegen die Kälte zu wappnen. Weil der Wüstensand nur wenig Wärme speichern kann, geht die Temperatur in der Sahara über Nacht rapide zurück. Auch mit der kalten Witterung kommen Kamele gut zurecht, sie sind nicht nur am Rand der Sahara, sondern gleichfalls im Himalajagebirge verbreitet.

Das Allercoolste am Kamel aber ist sein Wasserbauch. Kommt das Tier an einen Brunnen, tankt es kräftig auf. »Ein Kamel kann 100 bis 150 Liter Wasser auf einmal trinken«, sagt André Schüle, Tierarzt und Kurator für Kamele am Zoologischen Garten Berlin. Nur eine Viertelstunde braucht es dafür. »Damit kommt es dann unter Umständen zwei Wochen lang aus.« Denn es schwitzt wenig und hat Wasserzellen im Magen, kleine Kammern im Bindegewebe, die sehr viel Flüssigkeit speichern können.

Und wir? Was haben wir der extremen Sommerhitze Cooles entgegenzusetzen? Ach ja, die Klimaanlage!

Warum stinken Schweißfüße? Für den Männerfuß ist die warme Jahreszeit nur schwer zu ertragen. Während Arme und Beine von ihren schweren Kleidern befreit werden, ringt der Fuß selbst noch bei hochsommerlichen Temperaturen nach ein bißchen Frischluft. Er steckt in Socken und in festem Schuhwerk und muß darin die heißesten Tage des Jahres durchstehen.

Dabei täte auch ihm ein steter Windhauch gut. Aus den Schuhen kann der Schweiß nicht heraus. Und den produziert der Fuß reichlich. Auf jedem Quadratzentimeter seiner Sohle sitzen 400 Schweißdrüsen – so viele wie sonst nur auf den Handtellern und in den Achselhöhlen. Bei Hitze werden die Drüsen aktiv: Der Schweiß soll uns kühlen. Wenn er auf der Haut verdunstet, entzieht er unserem Körper überflüssige Wärme.

Als die Vorfahren des *Homo sapiens* noch auf den Bäumen lebten, hatte der Schweiß an Händen und Füßen für sie eine weitere wichtige Funktion: Er gab den Fingern und Zehen beim Klettern besseren Halt und schützte die Baumakrobaten davor, an den Ästen abzurutschen. Auch war es für sie von Vorteil, daß ihr Körper gerade in gefährlichen Situationen viel davon produzierte, nämlich dann, wenn es galt, Reißaus zu nehmen.

An sich ist Schweiß geruchlos. Für den Männerfuß gilt das in der Regel nicht. Bricht er in Schweiß aus, leben jene Bakterien auf, die unsere Haut ständig besiedeln. In aufgeweichter, schrumpeliger Haut breiten sich die Mikroben rasch aus und zersetzen das, was sie an Nährstoffen finden. »Dabei produzieren sie übelriechende Substanzen aus Hautfetten und Eiweiß«, sagt Rolf-Markus Szeimies, Dermatologe der Uni-Hautklinik in Regensburg.

Wer die mikrobiellen Stinkstiefel sind, versuchen Forscher schon lange herauszufinden. Brevibakterien, die sich gerne zwischen den Zehen aufhalten, standen zunächst unter Verdacht. Doch inzwischen weiß man, daß viele verschiedene Mikroorganismen zu dem Duftcocktail beitragen, der die verschwitzten Socken kennzeichnet. Während etwa Staphylokokken die Fettsäuren aufspalten, tun sich Mikrokokken und Corynebakterien am Eiweiß der Hornschicht gütlich. Besonders rasch vermehren sie sich, wenn es im Schuh angenehm feucht ist.

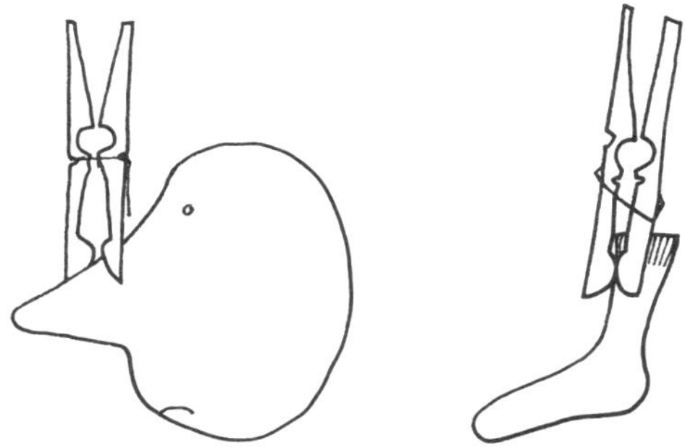

Wer viel schwitzt, was oft genetisch bedingt ist, hat also eher unter dem Mief zu leiden. Im feuchtwarmen Mikroklima teilen sich Bakterien alle 20 Minuten. Zunächst werden aus einer zwei, dann vier, dann acht Mikroben. Nach 3 Stunden 20 Minuten hat sich ihre Zahl vertausendfacht. Und an einem Zehn-Stunden-Arbeitstag bringt es eine Mikrobe auf rund eine Milliarde Nachkommen.

Ein miefiges Gewimmel, gegen das nur noch eins hilft: eine gründliche Wäsche und frische Socken. Oder aber man macht es wie Albert Einstein, schert sich nicht um Konventionen und trägt grundsätzlich keine Socken.

Warum lieben Silberfischchen das Bad? Wenn es Nacht wird und wir zu Bett gehen, kommen die Urlebewesen aus ihren Verstecken. Die lichtscheuen Kreaturen haben den ganzen Tag hinter der Tapete, in Fugen und Ritzen zugebracht. Nun strecken sie ihre langen Fühler aus. Endlich gehört das Bad ihnen.

Mit ihrem flügellosen, schuppigen Körper sehen die Silberfischchen wohl noch immer ihren Vorfahren ähnlich, die vor zirka 400 Millionen Jahren das Festland eroberten. Diese Urinsekten mußten ihre Atmung ganz aufs Landleben umstellen. Den Sauerstoff nahmen sie nicht mehr über das Wasser auf, sondern aus der Luft. Und anstelle der äußeren Kiemen bildete sich ein nach innen verlagertes verzweigtes Luftröhrensystem. Es leitete den Sauerstoff über viele kleine Verästelungen direkt zu den Organen und Muskeln. »Zum Atmen brauchen aber auch Landlebewesen feuchte Oberflächen in den Luftröhrchen oder in der Lunge«, sagt Gerhard Scholtz, Zoologe an der Berliner Humboldt-Universität. Denn der Sauerstoff wird letztlich über eine Flüssigkeit zu den Zellen transportiert. Für die Urinsekten sei es daher wichtig gewesen, sich vor dem Verlust der Feuchtigkeit zu schützen.

Eine hauchdünne Wachsschicht auf dem Außenskelett der Silberfischchen hält die Feuchtigkeit in ihrem Körper zurück. Die Silberfischchen sind in diese Wachsschicht eingepackt wie in eine Frischhaltefolie. Trotz dieser Hülle wird ihnen eine kalte, trockene Luft rasch zum Verhängnis. Sie mögen's warm und feucht und fühlen sich bei 25 Grad Celsius und 90 Prozent Luftfeuchtigkeit besonders wohl. Während die meisten ihrer Verwandten in den Tropen oder Subtropen leben, haben sich die Silberfischchen im tropischen Mikroklima des Badezimmers eingerichtet. Dort ist ihnen warm genug, fressen sie heruntergefallene Hautschüppchen und Haare oder begnügen sich mit Tapetenkleister.

Nur im Halbschlaf, beim nächtlichen Toilettengang, begegnen wir diesen harmlosen Urgestalten. Wenn sich die Klinke senkt und plötzlich Licht durch den Türspalt auf den Badezimmerfußboden fällt, können wir sie für einen Augenblick der Finsternis entreißen. Und husch! Schon sind sie wieder weg.

Warum dreht sich der Uhrzeiger rechtsherum?

Schauen Sie sich einmal die Sonne an! Als Bewohner der Nordhemisphäre müssen Sie sich dazu nach Süden wenden. Und was sehen Sie? Die Sonne geht links auf und rechts unter. Mit der Sonnenuhr ist es dasselbe. Wenn Sie auf freiem Platz einen Stab aufstellen, so wandert sein Schatten im Laufe des Tages rechtsherum. Morgens ist der Schatten am längsten, mittags, wenn die Sonne hoch am Himmel steht, am kürzesten. Auf diese Weise können Sie den Sonnenhöchststand, also zwölf Uhr wahre Ortszeit, und bei guten Sonnenuhren auch die übrige Tageszeit bis auf wenige Minuten genau ablesen.

»Die Sonnenuhr blieb bis ins 19. Jahrhundert hinein das Mittel der Wahl, um Uhren zu stellen«, sagt Eduard Saluz, Direktor des Deutschen Uhrenmuseums in Furtwangen. »Nur sie zeigte wirklich die Zeit an.« Alle Wasseruhren, Räderuhren und auch die heutigen Quarz- und Atomuhren messen dagegen nur eine Dauer. Ihre Ungenauigkeit summiert sich nach und nach. Dieser Fehler betrug bei den ersten Räderuhren bis zu einer Stunde am Tag. Räderuhren tauchten etwa im 12. Jahrhundert in Norditalien und England auf. Sie nutzten wie die nachfolgenden Pendeluhren die Schwerkraft aus: Ein Gewicht fiel nach unten, und diese Abwärtsbewegung wurde geschickt verlangsamt, so daß man an der Höhe des Gewichts die verstrichene Zeit messen konnte. Den Sturz des Gewichts hemmte man zum Beispiel mit einem hin und her schwingenden Balken, der abwechselnd jeweils einen Zahn des Getrieberads freigab und so das typische Ticktack mechanischer Uhren erzeugte. Als die Räderuhren einen Zeiger bekamen, stand dieser zunächst still. Statt dessen drehte sich das Rad: ein rotierendes Zifferblatt.

Erst später wanderte der Zeiger – und lief rechtsherum wie der Schatten der Sonnenuhr. Beispiele für frühe linksdrehende Uhren sind nicht bekannt. Daß sich die Uhrmacher dabei an der Sonnenuhr orientierten, klingt plausibel, ist aber nicht belegt. Und selbst wenn die Hypothese richtig sein sollte, bliebe der Uhrzeigersinn ein Zufallsprodukt: Wären die ersten Räderuhren auf der Südhalbkugel gebaut worden, liefen sie heute, dem dortigen Gang der Sonnenuhr folgend, linksherum. So wie die Athleten im Stadion immer linksherum laufen, egal ob sie 400 oder 5000 Meter zurücklegen. Sie rennen allerdings auch gegen die Zeit an.

Warum platzen Kirschen bei Regen? Ein kräftiger Sommerregen geht so mancher Kirsche unter die Haut. Vor allem kurz vor der Erntezeit. Dann ist das Fruchtfleisch reif und hat einen hohen Zuckergehalt.

Zucker zieht Wasser an. Wer zum Beispiel eine Handvoll Zucker auf eine Schale Erdbeeren streut, stellt fest, daß der Saft nach und nach aus den Früchten austritt: Sie geben immer mehr Wasser ab, denn die Zuckerlösung ist bestrebt, sich zu verdünnen. Umgekehrt saugt sich die innen süße Kirsche mit Wasser voll. Das Regenwasser strömt durch die Kirschhaut, eine für den Zucker selbst undurchlässige Membran, in die Zellen. Bei diesem »Osmose« genannten Prozeß steigt der Druck im Innern der Kirsche, bis er schließlich so groß wird, daß die Kirsche platzt. Eigentlich sollte ihre ziemlich reißfeste Haut sie vor diesem Schicksal bewahren. Sie umschließt die kugelige Kirsche wie eine elastische Kunststofftüte. Die glatte Hülle schützt die Frucht vor Pilzinfektionen und läßt in der Regel auch Wasser und andere Stoffe nur in wohldosierten Mengen ein und aus. Es sei denn, der gefürchtete Platzregen kommt zu einer Zeit, da die großgezüchtete moderne Kirsche ohnehin schon unter ziemlichem Druck steht.

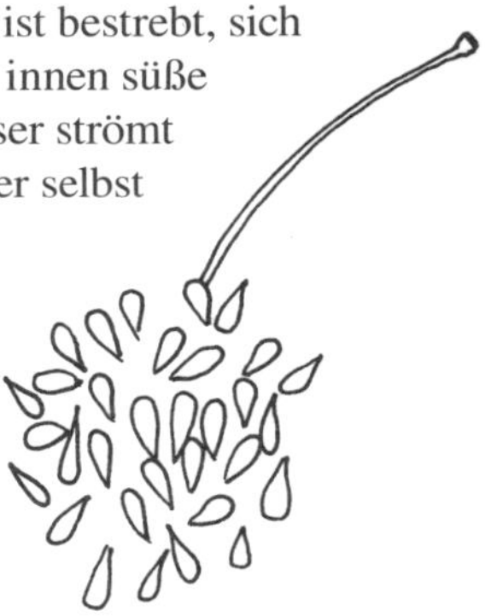

Die Kirsche erhält ihre Haut bereits in den ersten drei bis vier Wochen nach der Blüte. Solange sie noch grasgrün, winzig und nur anderthalb bis zwei Gramm schwer ist, ist ihre Schale noch vergleichsweise dick. Mit der Zeit jedoch wächst die Frucht, nimmt über ihren Stiel Zucker und Wasser auf, ihre Haut dehnt und spannt sich wie die eines Luftballons. So wird die Kirsche immer dünnhäutiger. Zuletzt ist sie nur noch von einer einen tausendstel Millimeter feinen Schutzschicht umgeben – dafür aber knackig und marktgerechte zehn Gramm schwer. Einige neuzeitliche Süßkirschen wie »Summit« sind mit zwölf Gramm Gewicht noch praller.

»Mit zunehmender Spannung werden auch Risse in der Haut immer häufiger«, sagt Moritz Knoche vom Institut für Acker- und Pflanzenbau der Universität Halle an der Saale. Wenn es kräftig regnet, dringt das Wasser daher nicht nur durch die üblichen Poren und Spaltöffnungen, sondern auch durch diese Risse in die Kirsche ein. »Es gibt dann eine flüssige Verbindung zwischen dem Regentropfen und dem Inneren der Frucht.«

Dieses Überangebot wird der Kirsche zum Verhängnis. Ihre süßen Zellen saugen so viel Wasser auf, bis sie aus allen Nähten platzt.

Warum ist der Blitz zackig? Der Himmel ist rabenschwarz. Plötzlich reißt die Wolkendecke auf, und ein Blitz sucht sich den Weg nach unten. Alles geht nun so schnell, daß wir nicht verfolgen können, wie er Stück für Stück wächst und sich verzweigt, wie er von Ecke zu Ecke springt. Wir sehen nur, wie eine gewaltige Entladung die Wolken durchschneidet und durchzuckt.

Sommergewitter brauen sich oft in den frühen Abendstunden zusammen. Die dunklen Gewitterwolken ziehen an schwülen Tagen heran, wenn feuchte, erhitzte Luft hoch und höher aufsteigt. Die Feuchtigkeit wird von Ruß- oder Schwefelteilchen aufgesogen, und diese gelangen als wäßrige Partikelchen in immer kältere Zonen. Bei starkem Aufwind überschreiten sie die Frostgrenze so fix, daß sie nicht sofort gefrieren. Statt dessen bekommen die unterkühlten Graupelteilchen eisige Spitzen. Wie die Stacheln eines Igels ordnen sich Eiskristalle um den nassen Kern herum an: Ihr äußeres Ende ist positiv geladen, das innere negativ.

Stoßen solche Graupelteilchen mit Eispartikeln in der Wolke zusammen, werden die feinen Spitzen weggerissen – und die positiven Ladungen von den negativen getrennt. Während nun leichte, positiv geladene Teilchen weiter aufsteigen, sinken die schwereren, negativ geladenen Graupelteilchen mit der Zeit wieder nach unten. Innerhalb der Wolke sowie zwischen Wolke und Erde baut sich eine Spannung auf. Diese Ladungen möchten sich wieder ausgleichen. Wird die Spannung wegen der vielfältigen Ladungstrennungen zu groß, kommt es zum elektrischen Durchschlag. »Ein Leitblitz bahnt sich nun seinen Weg in Sprüngen von jeweils 50 bis 200 Metern«, sagt der Elektrotechniker Gerhard Diendorfer, Chef des Blitzinformationssystems Aldis in Wien. »Nach jedem Sprung bleibt er kurz stehen, von hinten wird Ladung nachgeliefert, und es geht weiter.« Durchschlag für Durchschlag.

Und im Zickzack, weil die Luft in den Gewitterwolken nicht homogen ist. Mancherorts entstehen räumlich begrenzte Ladungen, die den fortschreitenden Blitzkanal ablenken. Auch Unterschiede in der Feuchtigkeit oder Grenzschichten zwischen warmer und kalter Luft beeinflussen dessen Route. Mal führt sie in eine Sackgasse, mal verzweigt sie sich auf dem Weg nach unten.

Der Blitz sucht den Weg des geringsten Widerstands. Und der ist meist bizarr. Zumal dem Blitzkanal, sobald er dem Erdboden nahe genug gekommen ist, auch von unten Arme entgegenwachsen: von einer Kirchturmspitze aus oder einem großen Baum. Ob Buchen oder Weiden – beim Gewitter sollte man deshalb alle Bäume meiden und sich möglichst geduckt in eine Mulde kauern, wenn man im Freien ist.

Warum sprühen beim Schweißen die Funken? Es passiert durch Funkenflug: Eine winzige glühende Schweißperle fliegt mehrere Meter weit, verschwindet in irgendeiner Ritze, brennt sich beispielsweise in Kunststoff ein und bleibt dort noch lange heiß. Erst Stunden später entzündet sie das Feuer. Ein solcher unsichtbarer Schwelbrand ist eine häufige Brandursache. Wenn beim herkömmlichen Elektroschweißen von einem schmelzenden Draht flüssiges Metall auf eine Schweißnaht tropft, läßt sich die Entstehung der gefährlichen Funken kaum vermeiden.

Aluminium schmilzt bei 660 Grad Celsius, Stahl erst bei mehr als 1500 Grad. Ein starker elektrischer Strom erzeugt diese höllischen Temperaturen: Elektrisch geladene Teilchen wandern durch den Draht und die Werkstücke, verlieren unterwegs Energie und heizen das Metall auf.

Ähnlich wie beim Anzünden eines Streichholzes reicht auch beim Schweißen ein kurzer Kontakt zwischen dem Draht und dem Werkstück aus, um den erforderlichen glühenden Lichtbogen aus geladenen Partikeln zu erzeugen. Der Draht, der direkt an die Schweißnaht gehalten wird, löst sich nun Tropfen für Tropfen auf, das heiße Metall läuft in die Fuge und schließt sie, sobald es erkaltet. Hin und wieder plumpst der flüssige Metalltropfen allerdings in das Schweißbad wie ein Stein ins Wasser. Aus der Schmelze spritzen dann Metallperlen von bis zu einem Millimeter Durchmesser. Es funkt.

Der Schmelztropfen zerplatzt manchmal auch schon, bevor er das Schweißbad erreicht. »In dem Metall des Drahtes sind Gase eingeschlossen«, sagt Lutz Dorn vom Institut für Werkzeugmaschinen und Fabrikbetrieb der Technischen Universität Berlin. »Dieses Gas dehnt sich unter der Hitze aus und kann den Tropfen zum Platzen bringen.«

Es gibt noch weitere mögliche Ursachen für die Explosion eines Tropfens, zum Beispiel wenn er sich beim Herunterfallen in die Länge zieht. Der kräftige Strom, der dabei durch das dünne Ende des Tropfens fließt, heizt dieses enorm auf. Kurz bevor sich der Tropfen ganz vom Draht ablöst, steigt die Hitze so stark an, daß er in viele Teile zerreißt. Es kommt zu einem Kurzschluß, der Lichtbogen erlischt.

Weil die heißen Funken plötzlich überspringen können, sollte man sich dem Lichtbogen nicht ohne Schutzkleidung nähern. Schutzschild, Lederschürze und lange Lederhandschuhe sollten das Gesicht und andere Hautpartien abdecken.

Warum ist manch ein Gesicht voller Sommersprossen? Auf sie kann man zählen. Pünktlich mit den ersten Sommersonnenstrahlen blühen sie auf. Kleine braune Flecken schießen auf Gesicht und Armen aus der hellen Haut wie Gänseblümchen aus dem Wiesengrund. Die Sonne kitzelt die Sommersprossen aus unbedeckten Körperpartien an den Tag. Sie schickt ein ganzes Bündel unterschiedlicher Strahlen zu uns hinab. Ihre besonders energiereichen ultravioletten Strahlen sind für die Haut besonders gefährlich. Sie dringen, für unser Auge unsichtbar, durch die Hornhaut hindurch in die darunterliegende Keimschicht vor. Die Keimschicht besteht aus lebenden Zellen, die sich ständig teilen, nach oben wandern, schließlich verhornen und absterben. Das UV-Licht regt diese Zellen zu einer rascheren Vermehrung an. Mit einer gewissen Verzögerung wächst so auch die Hornhaut.

»Nach drei Wochen Sommerurlaub in Mallorca kommt man bereits mit einer etwas dickeren Hornhaut zurück«, sagt Constantin Orfanos, Direktor der Dermatologischen Klinik der Berliner Charité. »Es entsteht eine Lichtschwiele.« Die dickere, festere Hornhaut wirft einen Teil der schädlichen ultravioletten Sonnenstrahlen zurück und schützt tiefere Hautschichten.

In der Keimschicht liegen auch die Pigmentzellen. Je nach Hauttyp sind es unterschiedlich viele. Sie erzeugen einen dunklen Farbstoff, das Melanin, das der Haut ihre Tönung verleiht. Ultraviolettes Licht stimuliert auch die Melaninproduktion. Nach und nach bräunt sich die Haut, was ebenfalls ein wirksamer Selbstschutz gegen noch mehr Sonnenlicht ist. Denn die ultravioletten Strahlen werden an dem komplexen Molekülgerüst der Melaninkörnchen gebrochen und abgeschwächt. Das hindert sie daran, tiefer ins Hautgewebe vorzudringen.

Stark pigmentierte Südeuropäer, Afrikaner oder Asiaten haben fast nie einen Sonnenbrand. Auch Hautkrebs kommt bei ihnen kaum vor. Hellhäutige Menschen dagegen besitzen, erblich bedingt, weniger Pigmentzellen, und diese sind außerdem ungleichmäßig verteilt. So färbt sich ihre Haut nur stellenweise: Punkt für Punkt. Mit ihren Sommersprossen sind sie weniger gut gegen die Sonne geschützt. Grund genug, die Haut nicht zu lange der direkten Sonnenstrahlung auszusetzen.

Warum haben wir Mitesser? Neuerdings reinige ich mein Gesicht mit einem Soft Touch Vlies. Seit ich das kleine praktische Pflaster auf dem Kosmetiktischchen meiner Frau entdeckt habe, gibt's hin und wieder eins auf die Nase. Oder auf die Stirn. Ich feuchte meine Haut an, drücke den selbstklebenden Strip darauf und warte ungeduldig. Fünf Minuten,

zehn Minuten, selten länger. Schließlich ziehe ich das Pflaster erwartungsvoll ab und suche im Licht der Badezimmerlampe in einem Beet herausgezupfter kleiner Härchen, die auf dem Klebefilm haften, akribisch nach weißen oder schwarzen Punkten. Auf die nämlich habe ich es abgesehen: die Mitesser.

Ich lebe zwar nicht in dem noch vor 200 Jahren verbreiteten Glauben, daß es sich dabei um kleine Würmer handelt. Aber Mitesser stören mein Schönheitsempfinden. Zumal sie sich ausdrücklich an besonders augenfälligen Körperpartien einnisten.

»Im Gesicht sind unsere Talgdrüsen voluminöser als anderswo«, sagt Christos Zouboulis, stellvertretender Leiter der Hautklinik der Berliner Charité. »Sie produzieren hier mehr Fett.« Dieses Fett macht Haut und Haar geschmeidig. Außerdem enthält es Vitamin A und Vitamin E und ist damit eine ergiebige Nahrungsgrundlage für die Hautzellen. Vermehren sich diese Zellen bei übermäßigem Fettangebot jedoch zu schnell, können sie den ansonsten freien Weg zur Hautoberfläche einengen. Das Fett gelangt nun nicht mehr so leicht nach außen. Es entsteht ein Mitesser.

Der Talg kann manchmal ein bißchen schmutzig sein, in der Regel aber ist er weiß. Trotzdem sieht der Mitesser mitunter schwarz aus. Dann ist der Ausgangskanal bereits wieder offen, der Mitesser auf dem Weg der natürlichen Abheilung. Er erscheint nur deshalb dunkel, weil kein Licht bis zu seinem Grund vordringt.

Vor allem Jungen leiden unter Mitessern, wenn in der Pubertät Hormone die Talgproduktion ankurbeln und überall neue Haare und der Bartflaum sprießen. Wenn es der Talg des geschlossenen Mitessers nicht nach oben schafft, bahnt er sich einen seitlichen Weg in die Lederhaut und ruft darin Entzündungen hervor. So kommt es zu Pickeln und Akne. Gegen die helfen leider kein Nasenpflaster und auch kein mit frischer Fruchtsäure getränkter Reinigungsstrip, sondern nur eine eingehende Hauttherapie. Und das Warten: Wochen, Monate, Jahre – bis die vielen Pickel mit Erreichen der vollen Geschlechtsreife hoffentlich für immer verschwinden.

Warum ist Eis cremig? Nicht Italiener, Spanier oder Portugiesen essen das meiste Eis, nein, in Europa sind es die Finnen, gefolgt von den Dänen und Schweden. Wem die Kälte bereits in den Knochen sitzt, der hat für die kalorienreiche Kaltspeise offenbar deutlich mehr übrig als der sonnenverwöhnte Südländer. Ob Vanille, Schokolade oder Erdbeer – anstelle des kleinen Eisvergnügens zwischendurch nimmt man im Norden gleich eine ordentliche Portion zu sich. Sie gilt in einigen skandinavischen Ländern als vollwertige Mahlzeit.

Cremig muß das Speiseeis sein, was nur durch ständiges Rühren gelingt. Der Frost allein macht nämlich keine zarte Masse, die auf der Zunge zergeht, sondern er führt zur Bildung von Eiskristallen. Damit diese Wasserkristalle so klein bleiben wie möglich, sind in den Eisfabriken riesige Rührmaschinen am Werk. Bei Temperaturen von etwa minus vier Grad schaben ihre Messer den Reif ab, der sich an der Trommel niederschlägt, und rühren ihn rasch wieder unter die glatte Eismasse. Außerdem wird der Eismischung viel Luft zugeführt. Das macht sie locker. Cremiges Vanilleeis zum Beispiel hat einen Luftanteil von 50 Prozent, sprich: Wer einen Liter Vanilleeiscreme kauft, bezahlt neben 500 Gramm Eismasse noch 500 Milliliter Luftaufschlag.

So richtig weich und cremig schmeckt Eis aber vor allem durch das darin enthaltene Fett. Auch Verdickungsmittel, die Stabilisatoren, veredeln die Eisbombe. Dafür eignen sich zum Beispiel fein zermahlene Johannisbrotkerne oder Mehl aus Guarsamen. »Gibt man ein klein wenig davon in Wasser, so entsteht ein feiner Schleim«, sagt Walter Wagner, Chemiedidaktiker der Universität Bayreuth. Dieser Schleim soll nicht nur verhindern, daß das Eis leicht zu tropfen anfängt. »Er macht es auch cremiger.«

Die langen, faserigen Moleküle des Johannisbrotkernmehls binden Wasser. Und zwar in so kleinen Mengen, daß in der Eismasse keine großen Eiskristalle mehr entstehen können. Die Kristalle sind kleiner als ein Fünfzigstel Millimeter, unsere Zunge nimmt sie daher nicht mehr wahr.

Aufgequollenes Johannisbrotkernmehl hinterläßt ein sehr angenehmes Gefühl auf der Zunge. Es hat dieselbe Wirkung wie Fett, ist aber weniger kalorienreich und entschärft die kalorienreiche Eisbombe etwas. Das Eis schmeckt leichter, wohingegen Lebensmittel, die sehr viel Fett enthalten, ähnlich schwer sein können wie Buttercreme.

Warum schrumpelt die Haut beim Baden? Der erwachsene Mensch häutet sich etwa alle 27 Tage – und damit öfter als jede Klapperschlange oder Königspython. Diese kontinuierliche Rundumerneuerung beginnt in den untersten Schichten unserer Oberhaut. Dort teilen und vermehren sich die Hautzellen, schieben sich nach oben und produzieren die Hornsubstanz. Aber schon nach kurzer Zeit sterben die Hautzellen ab und legen sich in Plättchen schützend um unseren Körper. Schließlich lösen sie sich und rieseln als kleine Hautschuppen zu Boden. Selbst wenn wir uns einmal nicht waschen sollten – der Dreck fällt binnen einiger Tage auch von alleine ab. Doch wir planschen im Meer oder setzen uns in die Badewanne, schrubben ein bißchen hier, ein wenig da, liegen entspannt im Wasser und merken erst beim Betrachten unserer schrumpeligen Finger, wieviel Zeit bereits dahingeplätschert ist.

»Die Haut weicht beim Baden auf und quillt«, sagt Gisela Albrecht, Chefärztin der Dermatologischen Abteilung im Krankenhaus Berlin-Spandau. Da sich die Oberfläche der vollgesogenen Hornhaut vergrößert, legt sich die Haut in Wellen. An Händen und Füßen, wo die Hornschicht vergleichsweise dick ist, können wir dies besonders gut beobachten. Nach einem Bad haben wir knittrige Finger. Legen wir uns gar in eine starke Seifenlauge, dann runzelt die Haut noch schneller. Denn die Seife löst das Hautfett heraus, das unseren Körper bedeckt. Dieses Fett, das die Hautzellen und Talgdrüsen herstellen, verschließt normalerweise die Ritzen und Spalten zwischen den Hornplättchen wie Mörtel. Bei einer kurzen Dusche perlt das Wasser daher an uns ab, und umgekehrt kann auch die Feuchtigkeit aus der Haut nicht entweichen.

Dank ihrer wasserabweisenden Eigenschaft schützt uns die Haut gegen viele äußere Einflüsse, gegen schwache Säuren und Laugen. Ein langes Schaumbad dagegen löst den schützenden Fettfilm auf. Die Haut weicht zuerst auf, aber nachdem wir dann aus der Wanne gestiegen sind, trocknet sie aus, verliert ihre natürliche Feuchtigkeit und wird spröde.

Warum lernt das Kind erst spät, einen Ball zu fangen? Beim Fußballspiel im Weltraum müßte ein Torwart wie Oliver Kahn noch einmal ganz von vorne beginnen. Denn in der Schwerelosigkeit fliegen Bälle anders. Sie folgen nicht der Erdbeschleunigung, sondern bewegen sich, einmal angestoßen, mit gleichbleibender Geschwindigkeit. Darauf kann sich unser Gehirn nicht so schnell einstellen, wie ein Experiment an Bord der amerikanischen Raumfähre »Discovery« im April 1998 zeigte: Versuchten die Astronauten einen Ball zu fangen, griffen sie regelmäßig zu früh danach.

Ein Kind braucht Jahre, ehe es lernt, einen Ball zu fangen, Jahre, die mit zahllosen Versuchen und Irrtümern einhergehen. Es genügt nicht, den Ball mit den Augen zu verfolgen und die Arme dann auf das Ziel hin zu bewegen. Unser Gehirn muß die Flugbahn vorausberechnen. Ob Kind, Fußballtorwart oder Astronaut – wir können einen rasant heranfliegenden Ball nicht erreichen, wenn wir nicht rechtzeitig im voraus wissen, wo er landen wird. Dazu bedarf es viel Übung.

Peter McLeod vom Institut für experimentelle Psychologie der Universität Oxford hat herausgefunden, wie zum Beispiel ein Baseballspieler die Flugbahn voraussieht, um die richtige Laufrichtung zu wählen und den Ball abzufangen. »Der Spieler schätzt dazu zwei Größen ein«, sagt McLeod: den Winkel, unter dem der abgeschlagene Ball nach oben aufsteigt, und den horizontalen Winkel, unter dem der Ball nach rechts oder links vom Spieler wegfliegt. Der Baseballspieler registriert diese beiden Winkel an verschiedenen Punkten der Flugbahn. Er weiß, wie sich die Winkel ändern müssen, damit er sein Ziel erreicht, weil er diese Gesetzmäßigkeit aus vorherigen Spielen kennt. Er läuft nicht geradewegs auf das Ziel hin, sondern verlangsamt, korrigiert und beschleunigt seinen Lauf. Immer wieder vergleicht er die aktuelle Bewegung des Balles mit der eigenen Vorhersage, um den Ball am Ende mit minimalem Aufwand zu erwischen.

Formeln, wie sie Wissenschaftler und Ingenieure zur Berechnung von Flugkurven verwenden, benutzt ein Ballspieler nicht. Aber auch er schult das Gehirn, ein möglichst einfaches Modell unserer physikalischen Umwelt zu entwerfen. Für die Entwicklung der motorischen und sensorischen Fähigkeiten sind Ballspiele daher sehr hilfreich. Vielleicht ist das ein Grund dafür, daß sie in allen Kulturen so beliebt sind.

Warum können wir uns nicht selbst kitzeln? Bereits das Kleinkind weiß, daß es nicht klappt. Der Wissenschaftler versucht es trotzdem noch einmal – mit einer Kitzelmaschine. Ein lustiger Apparat! Sie setzen Ihren Fuß darauf und bewegen einen Hebel, an dessen Ende eine Feder befestigt ist. Ganz langsam, Daune für Daune, streift der feine Flaum jetzt an Ihrer Fußsohle entlang, streichelt sachte die Haut ... jedoch ... es kitzelt nicht! Außer einem mechanischen Reiz spüren Sie nichts.

Blödes Gerät, denken Sie. Aber jetzt kommt das Überraschende: Wenn jemand anders den Hebel bewegt, während Ihr Fuß draufsteht, dann ... hihi, haha ... dann kitzelt es sehr wohl! Die Feder ist dieselbe, die Sinneszellen auf der Haut sind dieselben, und mit einem Mal erleben Sie das Kitzeln als geradezu unerträglich! Was geht da in Ihnen vor?

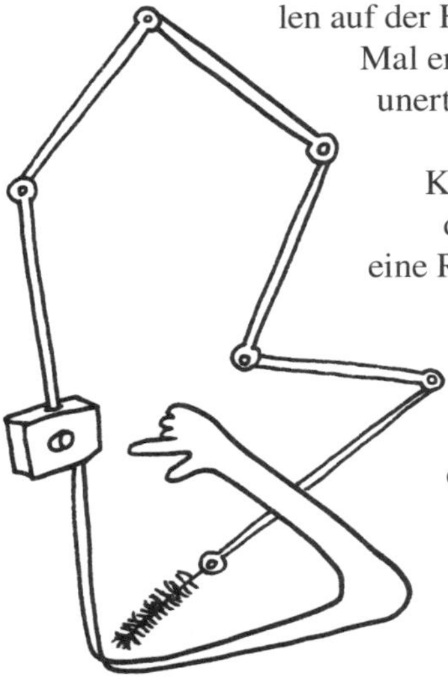

Während die eigene Hand an der Kurbel zu drehen beginnt, bekommt das Gehirn über das Nervensystem eine Rückmeldung von der Aktion. Umgehend ermitteln das Kleinhirn und andere graue Zellen, welche weiteren Empfindungen mit dieser Bewegung der Hand einhergehen werden. Diese vorhersehbaren Wahrnehmungen ignorieren wir fast vollständig. Sie werden gehemmt, weil das Gehirn ansonsten unentwegt mit unwichtigen Dingen beschäftigt wäre, etwa mit der Bewegung unserer Zunge im Mund oder dem Kontakt der Kleidung mit der Haut.

»Das Kitzelgefühl wird ausgelöst, wenn wir nicht unter Kontrolle haben, welcher Input als nächstes kommt«, sagt Barbara Wild, Nervenärztin an der Uniklinik Tübingen. »Es entsteht, wenn wir einen leichten Reiz verspüren, den wir nicht erwarten.« Solche unvermittelten Reize erregen unsere besondere Aufmerksamkeit. Sie können bedrohlich wirken oder uns zum Lachen bringen. Wenn wir merken, daß von dem Ungewöhnlichen keine Gefahr ausgeht, entspannen wir uns sofort, und als Reaktion auf das große Killekille folgt reflexartiges Gelächter. Der Reflex hat sich im Laufe der Evolution herausgebildet. Unter anderem womöglich, um einer ganzen Gruppe Entwarnung zu geben, daß das Neue keine Bedrohung darstellt. Nicht nur bei uns ist das so, Schimpansen reagieren diesbezüglich in gleicher Art und Weise. Sie sind ähnlich närrisch wie wir.

Übrigens gibt es inzwischen auch eine etwas modernere Variante der Kitzelmaschine. Dieser Apparat verfügt über eine eingebaute Zeitverzögerung, und damit hat man festgestellt: Streicht die eigenhändig in Bewegung gesetzte Feder nicht sofort über unseren Fuß, sondern erst mit ein paar Zehntel Sekunden Verspätung, dann kitzelt es doch. Diesmal ohne fremde Hilfe.

Warum kreist die Fliege um die Lampe? Manchmal ist es gut, nicht genau Bescheid zu wissen. Wenn zum Beispiel die Gemeine Stubenfliege, *Musca domestica*, auf dem Frühstücksbrot sitzt, dann sollten Sie sie verscheuchen und zubeißen, als ob nichts gewesen wäre. Ja nicht fragen, woher das lästige Insekt gekommen ist, ob es gerade seinen Kropfinhalt ausgespuckt hat, um ihn dann wieder aufzusaugen, wie viele Bakterien es bei diesem Regurgitieren auf der Stulle hinterlassen hat. Nein, all das ist für den Beginn des Tages völlig irrelevant.

Schauen Sie einfach zur Decke, und wenden Sie sich rasch einem anderen Studienobjekt zu: etwa der Kleinen Stubenfliege, *Fannia canicularis*, die ein bißchen kleiner und schlanker ist als die Gemeine Stubenfliege.

Da schwirrt das Fliegenmännchen mit etwa 200 Flügelschlägen pro Sekunde um die Lampe. Manchmal stundenlang. Nicht etwa des Lichtes wegen. Ob es an- oder ausgeschaltet ist, kümmert die Kleine Stubenfliege nicht. Der Raum unter der Lampe ist vielmehr der Balzplatz. *Fannia canicularis* hat den lieben langen Tag kaum anderes im Sinn, als eine Partnerin zu finden. Hat das Fliegenmännchen einmal den Luftraum unter der Lampe erobert, tanzt es hin und her, steckt sein Revier ab, verteidigt die Topposition und interessiert sich weniger fürs Frühstücksbrot als für den Duft der kleinen Fliegenfrau.

Im Reich der Insekten ist dieses Balzverhalten weitverbreitet. Männlein und Weiblein verabreden sich an auffälligen, hochgelegenen Plätzen wie der Lampe, an Ästen oder Hügeln. Das Männchen wartet dort mitunter stundenlang tanzend auf eine Partnerin. Vor allem in Gebieten, in denen es nur wenige Individuen auf weiter Flur gibt, träfen sich die Geschlechter vorzugsweise am nächsten Gipfel, sagt Joachim Ziegler vom Institut für Systematische Zoologie des Berliner Naturkundemuseums. »Dort begegnet der Wanderer zum Beispiel Fleischfliegen oder Schmetterlingen wie dem Schwalbenschwanz.«

In der guten Wohnstube gibt es zwar keine wirklichen Gipfeltreffen, aber die Strategie hat auch hier Erfolg: Die Kleine Stubenfliege, obschon Einzelgänger, hat so manches Stelldichein unterm Lampenschirm. Sie bringt es insbesondere im Sommer zu einer beachtlichen Nachkommenschaft.

Gut zu wissen? Nun ja, vielleicht könnte man mal wieder tanzen gehen.

Warum hat man beim Fliegen Druck auf den Ohren?
Flugangst ist ein heikles Thema. Manche Menschen setzen sich nie ans Fenster, weil sie befürchten, das Flugzeug könnte die Fensterscheibe verlieren, und dann würden sie – schlrrp! – aus der Kabine gesogen. In Anbetracht der geringen Fenstergröße keine sehr realistische Vorstellung. Zudem ist der Druckunterschied zwischen innen und außen nicht groß genug, einen Menschen aus dem Sitz zu reißen. Nach dem Start wird nämlich auch der Luftdruck im Innern der Kabine abgesenkt. In Reisehöhe ist die Innenluft so dünn wie die Luft auf der Zugspitze.

Ich selbst habe beim Fliegen Angst vor Ohrenschmerzen. Seit ich einmal verschnupft nach Italien gejettet bin, weiß ich, wie unangenehm es ist, wenn alle Schotten dicht sind.

Normalerweise hält unser Körper Druckunterschiede, wie sie beim Fliegen auftreten, gut aus. Alle Hohlräume haben Verbindungen nach draußen, es gibt einen ständigen Druckausgleich. Das gilt auch für den kleinen Hohlraum im Mittelohr. Er ist zwar zur einen Seite hin durch das Trommelfell luftdicht verschlossen, doch innen führt ein enger Gang, die Eustachische Röhre, bis hinunter zum Rachen. Die Verbindung steht nicht immer offen, sonst könnten Infektionskeime vom Mund aus zum Ohr wandern. Außerdem würden wir immerzu unsere Atemgeräusche und unser eigenes Schlürfen und Schmatzen hören. »Tagsüber öffnet sich die Eustachische Röhre einmal pro Minute, nachts alle vier Minuten«, sagt Wilhelm Welslau, Vizepräsident der Gesellschaft für Tauch- und Überdruckmedizin. Wenn wir kauen, gähnen oder schlucken, werden kleine Muskeln im Gaumen aktiv: die Gaumensegelheber und -spanner. »Sie spreizen den Knorpel auf, der die Eustachische Röhre normalerweise geschlossen hält.«

Das Mittelohr braucht hin und wieder eine frische Brise, weil die Luft nach und nach verschwindet: Das Körpergewebe nimmt sie auf. Wird keine Frischluft nachgeliefert, herrscht im Mittelohr bald ein Unterdruck, das Trommelfell spannt sich, wir hören schlechter. Das kann passieren, wenn wir erkältet und die Schleimhäute im Nasen-Rachen-Raum geschwollen sind.

Beim Fliegen sind Erkältungen unangenehm. In der Startphase haben wir einen Überdruck im Ohr, weil der Luftdruck in der Kabine sinkt. Dieser Überdruck entweicht noch recht gut, denn in Richtung Rachen öffnet sich der Verschluß der Eustachischen Röhre leichter.

Der Unterdruck beim Landeanflug aber kann schmerzhaft werden. Wer dann kein Nasenspray dabei hat, wem weder Gähnen noch angestrengtes Kieferwackeln hilft, der kann versuchen, einen Druckausgleich wie beim Tauchen herbeizuführen: Er schließt den Mund, hält sich die Nase zu und preßt die Atemluft vorsichtig gegen diesen Widerstand – in der Hoffnung, daß sich die Schotten endlich wieder öffnen.

Warum ist der Himmel blau? Diese Frage konnte selbst Isaac Newton nicht beantworten. Und der kannte sich mit den Farben des Lichtes besser aus als jeder andere seiner Zeitgenossen. Newton fächerte das weiße Sonnenlicht mit Hilfe eines Prismas in ein Regenbogenspektrum von Farben auf, das von Violett über Blau, Grün, Gelb und Orange bis hin zu Rot reichte. Aus seinen Experimenten folgerte er, daß Licht aus kleinsten Korpuskeln besteht. Heute wissen wir, daß diese Lichtteilchen je nach Farbe unterschiedliche Energien haben: entweder mehr Energie, wie kurzwelliges blaues Licht, oder weniger, wie langwelliges rotes. Nur zusammengenommen ergänzen sich die vielen Farben zu weißem Licht.

Das Sonnenlicht erreicht uns nicht ungehindert. Es muß zuvor die Erdatmosphäre durchqueren und trifft dabei auf Luftmoleküle, die das Licht streuen. Sie fangen Lichtteilchen ein und senden sie wieder in andere Richtungen aus. Bei der Aufnahme des Lichtes werden die elektrischen Ladungen der Moleküle, die Elektronen, hin und her geschüttelt. Derart angeregt, verwandeln sich die Partikel selbst in kleine Sender.

»Wenn Elektronen beschleunigt werden, strahlen sie Licht ab«, sagt Herbert Walther, emeritierter Direktor am Max-Planck-Institut für Quantenoptik in Garching. »Und je stärker sie beschleunigt werden, um so effektiver senden sie das Licht wieder aus.« Die Luftmoleküle streuen das energiereichere blaue Licht daher besser als das gelbe oder rote. Es wird auf dem Weg von der Sonne zu uns stärker hin und her geworfen und erreicht uns erst über Umwege: An einem schönen Sommertag färbt es den ganzen Himmel blau.

Das intensivste Blau hat der Himmel nicht in der unmittelbaren Nähe der Sonne, sondern in größerem Abstand von ihr. Die Sonne selbst ist tagsüber gelb. Morgens und abends jedoch nicht. Denn wenn sie am Horizont steht, muß das Licht einen besonders langen Weg durch die Lufthülle der Erde zurücklegen. Die blauen Strahlen werden dann nahezu völlig aus dem direkten Sonnenlicht herausgefiltert – und sogar ein Teil des gelben Lichtes dazu. Übrig bleiben vor allem die orangeroten Strahlen: ein glühender Feuerball.

Wie gut das Abendrot sichtbar ist, hängt unter anderem von der Luftverschmutzung ab: Zusätzliche Partikel in der Luft streuen das Licht noch stärker. Auch dünne Wolken, fein verteilte Wassertröpfchen in der Atmosphäre, können das Abendrot kräftiger erscheinen lassen.

Warum aber ist der Himmel blau und nicht violett? Violettes Licht wird tatsächlich noch stärker gestreut als blaues und verteilt sich weit über den Himmel. Für einen Hund oder manches Insekt sind die schönsten Tage womöglich lila. Für uns nicht. Die Sinneszellen in unserem Auge reagieren sehr viel empfindlicher auf blaues Licht als auf violettes.

Warum malen Flugzeuge Streifen an den Himmel? Nach den Terroranschlägen am 11. September 2001 blieben in den USA die Flugzeuge drei Tage lang am Boden. Ein nie dagewesenes Flugverbot leerte sämtliche Luftfahrtkorridore. Bis zum 14. September waren keine Kondensstreifen am Himmel zu sehen, keine, bis auf einen einzigen. Den zog jene Militärmaschine hinter sich her, in der der amerikanische Präsident unterwegs war.

Eine solche weiße Schleppe ist kaum zu vermeiden. Flugzeuge fliegen durch die kältesten Schichten in der unteren Atmosphäre. Dort oben reagiert die feuchte Luft empfindlich auf jegliche Veränderungen.

Ein Jumbo-Jet benötigt für einen Flug von Frankfurt am Main nach New York rund 80 000 Liter Kerosin, also 80 Tonnen. Um diesen Treibstoff zu verbrennen, muß der Jumbo Sauerstoff aufnehmen. Er saugt jede Menge Luft an. Bei der Verbrennung strömen dann pro Tonne verbrauchten Kerosins etwa 1,2 Tonnen Wasserdampf, mehr als drei Tonnen Kohlendioxid und Stickoxide, kleinste Schwefeloxide und Rußteilchen aus den Triebwerken. All dies gelangt in die Atmosphäre, die in acht bis zwölf Kilometer Höhe unter minus 35 Grad kalt ist. Weil die kalte Luft nur sehr wenig Feuchtigkeit aufnehmen kann, kondensiert nicht nur der ausgestoßene Wasserdampf zu Tröpfchen, sondern auch der bereits vorhandene. Die Tröpfchen gefrieren sofort. Besonders schnell wachsen solche Eiskristalle womöglich an Kondensationskeimen wie Rußteilchen. So wächst ein dünner Schleier aus Eiskristallen. Von einer natürlichen Zirruswolke ist dieser Kondensstreifen kaum zu unterscheiden.

»Die Wolken entstehen zum größten Teil aus Wasserdampf, der ohnehin da ist«, sagt Hermann Mannstein, Meteorologe am Institut für Physik der Atmosphäre des Deutschen Zentrums für Luft und Raumfahrt in Oberpfaffenhofen. Aber ohne den Einfluß des Flugzeugs würde es nicht dazu kommen. »Erst dadurch wird das Gas zu Eis.«

Die klirrenden Eisbänder können schnell auf etliche Kilometer Breite anwachsen und viele Stunden erhalten bleiben. Über Europa bedecken die erkennbaren Kondensstreifen tagsüber etwa 0,7 Prozent des Himmels. Nicht nur das von den Flugzeugen ausgestoßene Kohlendioxid, auch diese Eiswolken tragen zur globalen Erwärmung bei. Zwar schwächen sie die Sonneneinstrahlung ab. Gleichzeitig jedoch halten sie die von der Erde in den Weltraum ausgesandte Wärmestrahlung zurück. Dadurch werden die Nächte wärmer.

Nach dem 11. September 2001 waren in den USA allerdings keine Flugzeuge unterwegs. Bei klarem Himmel nahm der Temperaturunterschied zwischen Tag und Nacht plötzlich um fast zwei Grad zu, was Forscher mit dem Fehlen der Kondensstreifen in Verbindung brachten.

Warum ist das Watt voller Löcher? Das Watt ist wurmstichig. Voller Löcher. Überall sieht man kleine Trichter, in denen ein wenig Wasser steht. Nicht weit davon entfernt liegen gekringelte Sandhäufchen, gerade so, als wäre hier ein weitentfernter winziger Verwandter des Maulwurfs am Werk.

Arenicola marina, der Wattwurm, fristet jedoch im Vergleich zum Maulwurf ein ziemlich ruhiges Dasein. Er gräbt nicht fortwährend neue Gänge, um Nahrung zu finden. Statt dessen kauert der bis zu 30 Zentimeter lange Wurm in seiner U-förmigen Röhre.

Und frißt und frißt. Einmal häuslich eingerichtet, fällt ihm seine Mahlzeit einfach zu. Unentwegt stülpt er seine Mundöffnung ein und aus und nimmt alles auf, was durch die Eingangsröhre nach unten rieselt: Der Wattwurm ißt Sand. Mit kräftigen Bewegungen pumpt er die Sandkörner durch seinen Muskelschlauch und filtert im Verdauungstrakt winzige Kieselalgen, Bakterien und allerlei organische Substanzen heraus. »Er muß ständig fressen, um aus dem relativ nahrungsarmen Sand möglichst viel rauszuholen«, sagt Nils Volkenborn vom Alfred-Wegener-Institut für Polar- und Meeresforschung. Alle 20 Minuten stopft sich der Wurm vom Kopf bis zum Schwanzende mit Sand voll. Dann schlängelt er sich rückwärts durch die mit Schleim ausgekleidete Ausgangsröhre nach oben und scheidet den geklärten Sand als langen Kringel aus. »So entstehen die kleinen Spaghettihäufchen im Watt«, sagt der Biologe.

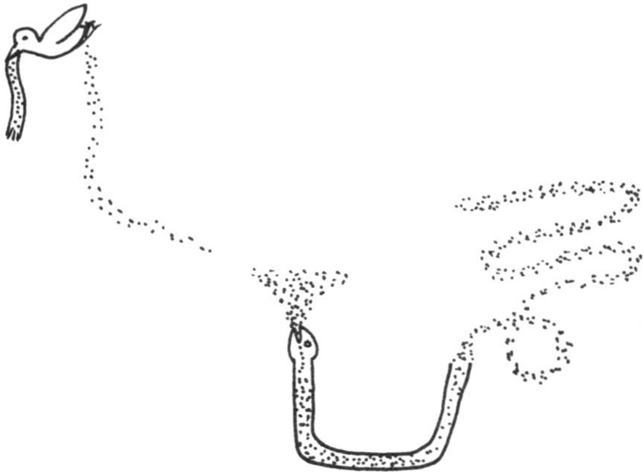

Die Wattwürmer kauen jedes Jahr den oberen Zentimeter Schlick mehr als 20mal durch. Etwa 40 Wattwürmer pro Quadratmeter durchlüften den Wattboden auf den Inseln Sylt oder Amrum und schaffen auf diese Weise gute Lebensbedingungen für andere Organismen.

Auch sie selbst gedeihen gut. Unter den Würmern im Watt ist *Arenicola marina* jedenfalls der dickste. Das macht ihn allerdings auch bei Vögeln beliebt. Pfahlschnepfen und Austernfischer schätzen ihn als Delikatesse. Sie warten nur darauf, daß er einmal wieder an die Oberfläche kommt: Watt'n Wurm!

Picken sie im rechten Augenblick nach ihm, trennt sich der Wurm sofort von seinem Hinterleib. Sein Schwanz ist perforiert und leicht teilbar. Jeder erfolgreiche Angriff macht ihn aber um ein Stück kürzer. Der Schwanz wächst nicht nach. Maximal fünf Jahre hält der Wattwurm so durch. Dann ist er am Ende.

Warum piepst geklaute Ware? Kaufhäuser locken Diebe an. Etwa jeder 200. Kunde nimmt die Ware mit, ohne zu bezahlen. Während des Sommerschlußverkaufs, bei der Schnäppchenjagd an den Grabbeltischen verschwinden besonders viele Artikel still und leise.

Zahlreiche Warenhäuser versuchen den Langfingern mit einem vier Zentimeter langen dünnen Metallstück auf die Schliche zu kommen. Dieser Sensorstreifen liegt locker in einer kleinen weißen Kunststoffbox, dem Sicherungsetikett, wie es zum Beispiel auf CDs klebt. Durchquert ein Dieb damit die Schleuse am Ausgang, so kommt es vorübergehend zu einem stillen Dialog:

Ein Sender in der Schleusenwand schickt kurze Magnetfeldsignale los. Diese versetzen das Metallplättchen im Etikett in Schwingungen. »Der Sensorstreifen wird angestoßen wie eine Stimmgabel«, sagt Giselher Herzer, Physiker bei der Firma Vacuumschmelze in Hanau, die Metalle für die Warensicherung produziert. So wie eine Stimmgabel nach dem Anschlag für kurze Zeit nachklingt, so schwingt auch das Plättchen noch eine Weile weiter, wenn das Anregungssignal schon ausgeschaltet ist. Das Metall verwandelt sich nun seinerseits für wenige Millisekunden in einen kleinen Sender, dessen Nachhall nicht mehr durch das ursprüngliche Signal überdeckt wird. Eine Empfangsantenne in der Schleusenwand registriert dieses Echo, löst einen Alarm aus – und dann piept's. Schrill und unüberhörbar.

Das hier beschriebene »akustomagnetische System« ist vergleichsweise neu und gilt als ausgesprochen sicher. Es gestattet große Schleusen am Ausgang des Warenhauses und löst kaum Fehlalarme aus.

Damit nicht auch das Etikett der bereits bezahlten Ware Alarm schlägt, steckt in der Plastikbox noch ein zweiter Metallstreifen. Mit ihm läßt sich das Etikett aktivieren oder deaktivieren. Dieses zweite Metallstück ist so beschaffen, daß es nur durch deutlich stärkere Magnetfelder beeinflußt werden kann. Das macht die Verkäuferin an der Kasse. Mit einem entsprechenden Gerät entmagnetisiert sie das Metall. Dadurch ändert sich auch das Schwingungsverhalten des darüberliegenden dünnen Plättchens, und der Kunde kann die Schleuse mit dem bezahlten Artikel lautlos passieren.

Warum wird Sahne steif? Pflaumenkuchen wird gerne mit einem weißen Häubchen serviert. Bei diesem Anblick entfährt manch einem im Café das Wörtchen »Sünde«. Ja, ja, die Sahne, die hat's in sich! Vor allem Fett!

Im Vorläufer der Sahne, der Milch, sind winzige Fetttröpfchen fein verteilt. Eigentlich mischen sich Fett und Wasser nicht gern. Fett setzt sich, im Gegenteil, als Film oder Fettauge auf der Flüssigkeit ab. Aber die Fettkügelchen in der Milch haben alle eine natürliche Hülle aus Eiweißmolekülen, aus wertvollen Stoffen, mit denen die Kuh ihr Kalb ernährt. Dieses Milcheiweiß schirmt die anziehenden Kräfte zwischen den einzelnen Fetttröpfchen ab und läßt sie in der Milch schwimmen. Wenn die Milch allerdings sehr lange steht, steigen die Fettkügelchen allmählich an die Oberfläche. Dann bilden sie oben auf der Milch eine rahmige Schicht. Sie muß, um als Sahne zu gelten, mindestens 30 Prozent Fett enthalten.

»Mit dem Schneebesen schlägt man Luftblasen in diese Sahne«, sagt Peter Chr. Lorenzen vom Institut für Chemie und Technologie der Milch in der Bundesforschungsanstalt für Ernährung und Lebensmittel in Kiel. »Gleichzeitig zerstört der Schneebesen die Hülle der Fettkügelchen.« An den aufgebrochenen Stellen sind die Kügelchen klebrig. Sie haften nun aneinander und schließen die Luftblasen ein. Zwischen den bereits umhüllten Luftblasen bilden sich durch die vielen Klebestellen zudem stabile Verbindungen und Brücken. Die Sahne wird fest, die eingearbeitete Luft verdoppelt ihr Volumen.

In einem heißen Sommer gelingt es allerdings nicht immer, aus 100 Millilitern Sahne 200 Milliliter Schaum zu machen. Die Fettkügelchen, die im Kühlschrank noch kristallin sind, schmelzen bei Hitze. Schon bei einer Temperatur von 20 Grad verflüssigt sich ein beträchtlicher Teil des Milchfetts in kurzer

Zeit wieder, die Luft entweicht, die Sahne verliert ihre Stabilität und zerrinnt auf dem Kuchen. Es kann bei zu großer Hitze auch passieren, daß sie erst gar nicht steif wird, sondern buttrig, weil sich das Fett vorzeitig vom Wasser trennt.

Im Straßencafé sollte man einen Obstkuchen mit Sahne jedenfalls nicht zu lange unberührt in der Sonne stehen lassen. Über den Cappuccino braucht man sich derweil weniger Gedanken zu machen. Dessen Schaumkrone hat eine andere Ursache. Der Kaffee trägt eine Kapuze aus aufgeschäumter Milch. Und dieses Häubchen wird nicht durch Fett stabilisiert, sondern durch weniger wärmeempfindliche Eiweißmoleküle.

Warum schmiert der Radiergummi? Die Schule hat wieder angefangen, die ersten Schreib- und Rechenfehler schleichen sich in die Hefte ein. In der trügerischen Hoffnung, den ein oder anderen Irrtum ungeschehen machen zu können, greifen Schüler zum Radiergummi. So wird aus dem Schönheitsfehler manchmal ein Schandfleck. Beim sturen Weiterradieren machen die Pennäler das Papier nur dünner und dünner, bis es schließlich ganz durch ist, und siehe da: die für jedermann erkennbare Bildungslücke.

Auch ich hatte bis vor kurzem so einen Radierer. Ein schmieriger Typ. Wir paßten einfach nicht zusammen, besser gesagt: Er paßte nicht zu meinem Bleistift. Mit 4B war er völlig überfordert.

Es war ein brauner Kautschukradierer, hergestellt aus der Milch eines Baumes, den die Indianer in Brasilien »Caa-o-chu« nannten. An den Kautschukmolekülen bleibt das Graphit hängen, das in kleinen Plättchen auf einem beschriebenen Blatt Papier liegt. Die Graphitblättchen haften allerdings nicht gut genug an diesen Molekülen. Rohkautschuk verteilt das einmal aufgenommene Graphit leicht wieder übers Blatt. Er schmiert.

Deshalb mischt man dem Kautschuk heutzutage eine klebrige Substanz namens »Faktis« bei. Sie wird aus pflanzlichem

Öl gewonnen. Dazu kommt noch ein bißchen feinkörniger Bimsstein, dessen Schmirgelwirkung darüber entscheidet, wie scharf der Radierer ist. Der Kautschukradierer rubbelt die oberste Schicht des Blattes weg und nimmt dem Papier seinen Glanz. Reibt er zu oft darüber, ist es durch. Anders der Kunststoffradierer. »Er enthält einen Weichmacher, der das Graphit anlöst«, sagt Ralf Rautenberg, Produktionsleiter der Firma Läufer. Dadurch kann das Graphit mühelos in den kleinen Span eingerollt werden. Dieser Span bleibt am Radierer hängen – und nicht am Papier wie die vielen Späne des Kautschukradiergummis.

Freilich kann man auch einen Kunststoffradierer wie meinen neuen transparenten »Plast-0140« überfordern. Der beste Radiergummi schmiert, wenn er zuviel Graphit auf einmal abtragen muß. Damit er aufnahmefähig bleibt, sollte man ihn schräg zum Bleistiftstrich über das Papier führen. Und ihm ab und an ein bißchen Auslauf auf unbeschriebener Fläche gönnen.

HERBST

Warum bekommen wir eine Gänsehaut? In Hoffnung auf die letzten durchdringenden Sonnenstrahlen setzen wir uns noch einmal leicht bekleidet auf den Balkon. Aber der Herbst lauert bereits in allen Ecken und Winkeln. Ein kalter Luftzug genügt, und schon stellen sich uns sämtliche Härchen hoch. An jedem dieser Härchen zieht, als gelte es, eine Eisenbahnschranke in die Höhe zu bringen, ein kleiner Muskel. Bei plötzlicher Kälte verkürzt sich dieser *Musculus arrector pili* reflexartig. Er zerrt mit dem unteren Ende an der Haarwurzel und mit dem anderen Ende an der Oberhaut. Die Kontraktion des schrägsitzenden Muskels ist so stark, daß sich das Haar von der Wurzel her aufrichtet und gleichzeitig eine Vertiefung in der oberen Haut entsteht: Die Haut wird uneben und rauh wie die einer gerupften Gans.

»Die Gänsehaut schützt uns davor, die Körperwärme allzu rasch zu verlieren«, erklärt Carsten Niemitz, Humanbiologe und Anthropologe an der Freien Universität Berlin. Denn die aufgerichteten Härchen verringern die Luftströmung an der Hautoberfläche. Mit dem gebremsten Wind werden auch die bereits erwärmten Luftmoleküle nicht mehr so schnell von der Haut weggerissen: Die Haut kühlt nicht mehr so schnell aus.

Daß sich uns die Haare manchmal auch vor Angst und Schrecken sträuben, scheint dagegen ein wenig zweckmäßiges Erbe zu sein. Dennoch bekommen wir manchmal auch eine Gänsehaut, wenn wir uns einen Thriller im Fernsehen anschauen. Anthropologen haben hierfür ebenfalls eine Erklärung: Der Frühmensch hatte ein dickeres Fell als wir. Beim Anblick eines Feindes plusterte er sich regelrecht auf und erschien dadurch plötzlich größer, als er tatsächlich war. Unsere nahen Verwandten, die Schimpansen, machen dies heute noch. Und auch der Hund, des Menschen liebster Begleiter, kriegt in bedrohlichen Situationen oder vor lauter Angriffslust schon einmal eine »Bürste«: Die Nackenhaare stehen ihm dann eindrucksvoll zu Berge.

Bei uns dagegen haben sich die Abwehrgeste und das Imponiergehabe in einen Gänsehautthrill und einen mitunter lustvollen Schauder verwandelt. Unser »Bürstchen« ist ziemlich ausgedünnt. Eindruck können wir damit nicht mehr machen.

Warum sind die meisten Kastanien nicht eßbar?
Verwandtschaftliche Beziehungen in der Tier- und Pflanzenwelt sind oft nicht auf den ersten Blick zu erkennen. Wer würde etwa beim nächtlichen Vorbeiflattern einer Fledermaus vermuten, daß diese uns Menschen nähersteht als den Vögeln? Und doch: Die Fledermaus ist ein Säugetier. Sie säugt ihre Jungen und hat nicht mal Federn, sondern ein Fell.

Wenn aber schon das Fliegen nicht als Merkmal genügt, um Verwandtschaftsverhältnisse aufzudecken, dann können wir diese erst recht nicht nur anhand der Form von Früchten entschlüsseln. Die köstlichen Maronen sind dafür ein gutes Beispiel. Man nimmt sie gerne in die Hand. Auf der einen Seite abgeflacht und oben spitz zulaufend, sind sie ähnlich geschmeidig wie die glänzenden Früchte der Roßkastanie, die im Herbst überall in den Stadtgärten herumliegen.

Wider Erwarten gehören Eßkastanie und Roßkastanie jedoch zu unterschiedlichen Familien. Die Eßkastanie ist ein Buchengewächs, braucht viel Licht und Wärme und ist im Mittelmeerraum und in Teilen Süddeutschlands beheimatet. Ihre dunkelbraunen Früchte sind, ähnlich wie Bucheckern, reich an Nährstoffen. Sie sind für uns noch bekömmlicher als die deutlich kleineren dreikantigen Bucheckern, aus denen im 19. Jahrhundert noch Öl gepreßt wurde.

Die Früchte der Roßkastaniengewächse dagegen sind bitter und giftig. Sie enthalten seifenähnliche Stoffe, die Saponine. Vor allem eine Eigenschaft dieser Saponine ist für deren schädliche Wirkung in unserem Körper ursächlich: »Sie verringern die Oberflächenspannung des Wassers«, erklärt Helmut Dalitz, Biologe am Institut für Botanik der Universität Hohenheim.

Während eine Daunenfeder auf klarem Wasser schwimmt, geht sie im Seifenwasser unter. Ähnlich vermindern Saponinmoleküle die Oberflächenspannung an der Grenze zwischen Blutkörperchen und Blutflüssigkeit. »Rote Blutkörperchen werden dadurch zerstört. Sie platzen wie Luftballons, und der rote Blutfarbstoff, das Hämoglobin, tritt aus«, sagt Dalitz.

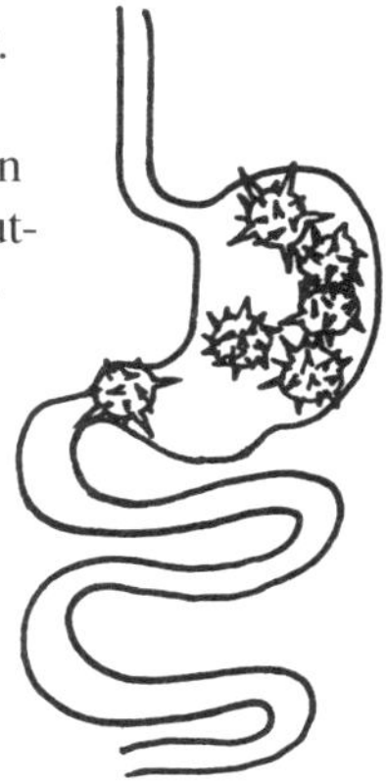

Schon der Verzehr einer Roßkastanie kann Übelkeit und Bauchschmerzen auslösen. Mit den Früchten, die für uns giftig sind, füttern wir allerdings ohne Bedenken das Vieh. Damwild und Wildschweine fressen Roßkastanien mit Genuß. In ihrem Verdauungstrakt finden sich die nötigen Eiweißstoffe, um die Saponine abzubauen und unschädlich zu machen.

Warum geht mit der Zeit der Lack ab? Die schönen alten Holzfenster – wenn man sie nur nicht immer wieder streichen müßte! Warum kommt am Ende des Sommers nicht einfach eine Kolonie Lackschildläuse dahergelaufen. Tripptrapp übers Holz, scheiden sie an den richtigen Stellen eine millimeterdicke Schicht Lack aus, und alles ist wieder tipptopp. Aber ach, wir leben leider nicht im Märchenland! Daher warten wir wohl vergeblich auf die kleinen in Indien und Thailand beheimateten Schildläuse und ihre lackartigen Sekrete, die sie aus dem ganzen Körper ausschwitzen.

Behelfen wir uns also notgedrungen mit Pinsel, Eimer und einer künstlichen Mischung aus Farbpigmenten, Binde- und Lösungsmitteln, um die Schäden des vergangenen Sommers zu beseitigen und die Feuchtigkeit künftig vom Holz fernzuhalten: erst die Grundierung, dann der Zwischenlack und schließlich eine dünne Deckschicht von etwa 80 Mikrometern.

Beginnen wir unsere Streicharbeiten in der Küche. Dort hat uns die Sonne besonders übel mitgespielt. Ihre aggressive ultraviolette Strahlung schädigt nicht nur die menschliche Haut, sie baut auch das Bindemittel im Lack unserer Holzfenster ab, etwa die Alkydharze, die die Farbpigmente zusammenhalten sollen. Mit der Zeit bleiben die Pigmente daher als kleine, rauhe Berge lose auf dem Holz zurück. Der Lack beginnt zu kreiden. Fährt man mit den Fingern über den Rahmen des Küchenfensters, so färbt sich die Hand weiß.

Das Bindemittel im Lack reagiert nicht nur empfindlich auf UV-Licht, es hat weitere Mängel. Zum Beispiel neigt es zur Rissigkeit, wie Guido Hora vom Fraunhofer-Institut für Holzforschung in Braunschweig erklärt. »Denn es besteht aus Polymeren.« Das sind lange Molekülketten mit unzähligen Schwachstellen, an denen die allgegenwärtige Feuchtigkeit angreift und die sich irgendwann von ihrem Untergrund lösen können.

Sonnenschutz allein hilft daher nicht. Mit den Jahren geht auch im schattigen Wohnzimmer der Lack an den Fenstern ab. Von Feuchtigkeit zerrüttet, platzt er in kleinen Plättchen vom Holz weg. Und solange die in der Schellackproduktion so umtriebige Lackschildlaus nicht bei uns fensterln kommt, müssen wir auch hier zum Pinsel greifen.

Warum wirft der Baum seine Blätter ab? Während sich der Hase langsam, aber sicher in ein dickes, langes Fell einmummelt, wirft der Laubbaum im Herbst all seine Blätter ab. Bald steht er völlig nackt im kalten Wind, gerade so, als wolle er sagen: »Schau her, du Angsthase, ein Baumriese wie ich scheut keinen Frost!«

Und ob er den Winter fürchtet! Gerade deshalb schüttelt er Zehntausende Blätter ab, die ihn im Frühjahr und Sommer hochgepäppelt haben. Sie haben das Sonnenlicht eingefangen, die Wasserversorgung sichergestellt und alle Voraussetzungen dafür geschaffen, daß der Baum Kohlendioxid aus der Luft aufnehmen und in Kohlenhydrate, also Zucker, hat umwandeln können. Ohne diesen Vorgang der Photosynthese wäre der Baum nicht gewachsen. Ohne Blätter kein frisches Holz. Zur Photosynthese benötigt der Baum unter anderem Wasser. Mit seinen Wurzelhaaren zieht ein stattlicher Baum mehrere 100 Liter am Tag aus dem Boden und transportiert das Wasser in feinen Leitungsbahnen zu den Blättern hinauf. Die Blätter verdunsten wegen ihrer großen Oberfläche viel Flüssigkeit. Diese Verdunstung wirkt wie eine Saugpumpe, die immer neues Wasser aus dem Erdreich nach oben holt.

Mit zunehmender Kälte aber saugt der Baum vergebens. Bei Frost fließt kein Wasser mehr nach. Der Baum droht nun mehr Flüssigkeit durch Verdunstung über die Blätter zu verlieren, als er aus dem Boden hinzugewinnt. Um nicht auszutrocknen, entledigt er sich notgedrungen beizeiten seines Laubdachs.

Sobald die Tage kürzer werden und die Temperaturen sinken, leiten Hormone wie die Abscisinsäure den Laubfall ein. Zunächst baut der Baum wertvolle Stoffe wie Proteine, Kohlenhydrate und auch das Magnesium aus dem Blattgrün ab und lagert sie bis zum Austrieb im nächsten Frühjahr im Stamm oder in den Wurzeln ein.

»Das Blatt verliert damit seine Grünfärbung«, sagt Christian Wilhelm, Pflanzenphysiologe der Universität Leipzig. Andere, bis dahin überdeckte Farbstoffe wie die gelblichen Xanthophylle und orangefarbenen Karotinoide bleiben dagegen vorerst noch erhalten. Sie kolorieren das Herbstgewand. Oft erweitern rote Anthocyane die Farbpalette im bunten Blätterwald noch für eine Weile.

»Dann aber verschließt der Baum die Blattstiele mit einem Trenngewebe«, sagt Wilhelm. »Es verkorkt schnell, und das Blatt vertrocknet.« Mit einem Windstoß segelt es schließlich zu Boden.

Warum stolpert der Tausendfüßer nicht? Jeder Jongleur hat einmal mit wenigen Bällen angefangen, ehe er nach endlosen Wiederholungen, zwischenzeitlichen Triumphen und Enttäuschungen eine Darbietung mit fünf oder sechs Bällen meistert. Auch Tausendfüßer lernen das Gehen in kleinen Schritten. Sie schlüpfen zunächst mit nur drei bis sieben Beinpaaren aus dem Ei. Im Laufe ihres Lebens kommen dann immer neue Körperringe und Gliedmaßen hinzu. Wie ein Güterzug, an den man immer mehr Waggons anhängt, wird der Tausendfüßer lang und länger, die Koordination seiner Bewegungen komplexer. Zu Beginn jeder neuen Wachstumsphase ziehen sich die Gliedertiere ins Erdreich zurück. Sie werfen die alte Haut ab, verspeisen sie und erweitern den schlanken Körper um etwa drei neue Ringe.

»Bei den eigentlichen Tausendfüßern sind diese Ringe zunächst beinlos«, erläutert Otto Kraus, ehemaliger Direktor des Zoologischen Staatsinstituts und Museums der Universität Hamburg. »Erst bei nochmaliger Häutung bilden sich jeweils zwei Beinpaare an jedem der drei Segmente.« Es gibt Tausendfüßer, die bis an ihr Lebensende fröhlich weiterwachsen. Zwar bringt es kein Vertreter irgendeiner der zirka 13 000 bekannten Arten tatsächlich auf 1000 Füße, aber der in Kalifornien beheimatete *Illacme plenipes* etwa ist mit 350 Füßen schon ganz ordentlich ausgestattet.

Viel Beinfreiheit hat der kleine Krabbler nicht. Er muß seine Trippelschritte koordiniert setzen. Das macht er nicht, indem er im Gleichschritt marschiert, sondern er hebt zuerst die hinteren Beine an. Sie sind immer schon ein kleines bißchen weiter als ihre jeweiligen Vorläufer. So fließt die Fortbewegung einer Welle gleich durch sämtliche Laufbeine.

Der Urtausendfüßer, der bereits vor 430 Millionen Jahren lebte, hatte viel weniger Beine. Er gehörte zu den frühesten Luft atmenden Landlebewesen überhaupt. Mit der Zeit paßte er sich an ein Leben in Spalten und Hohlräumen an. Seine Nachkommen kriechen heute durch das abgefallene Waldlaub, durch Bodenstreu und Moder. Dort sind ihnen die vielen Beine eine gute Stütze. Mit ihnen findet der Tausendfüßer immer irgendwo Halt. Um in einen Spalt einzudringen, stemmt er sich mit einigen Beinpaaren nach vorne, während andere frei in der Luft schweben. Wie ein Bulldozer schiebt er sich kraftvoll vorwärts, sein Drücken und Stoßen läuft rhythmisch durch den ganzen Körper.

Im Verlauf der Evolution haben Tausendfüßer eine völlig andere, aber nicht weniger effektive Gangart entwickelt als Regenwürmer. Diese bewegen sich ohne Beine: Ihr schlauchartiger Körper kann sich mit Hilfe der Ring- und Längsmuskeln abschnittsweise strecken und wieder zusammenziehen.

Warum ist beim Apfel die Schale so gesund? »An apple a day keeps the doctor away.« Es dürfen auch zwei oder drei Äpfel am Tag sein. Möglichst gewaschen, um eventuelle Reste von Pestiziden zu beseitigen, aber ungeschält. Denn in der Schale stecken besonders viele wertvolle Stoffe wie Vitamin C oder die Flavonoide. Diese Substanzen sind deshalb so gesund, weil sie aggressive und reaktionsfreudige Moleküle in unserem Körper neutralisieren: Sie binden freie Radikale an sich.

Unsere Zellen und unser Erbgut werden ständig von solchen Molekülen attackiert. Freie Radikale sind ursächlich für zahlreiche Erkrankungen und Alterserscheinungen. Die Moleküle verfügen über noch ungepaarte elektrische Ladungen und greifen gerne dort an, wo sie einen entsprechenden Partner finden. Diese Chance bieten ihnen Vitamin C oder die Flavonoide, weil in diesen Molekülen elektrische Ladungen unsymmetrisch verteilt sind. In Äpfeln, Birnen und anderen Obstsorten gibt es reichlich Vitamin C und Flavonoide. Sie schützen damit ihr eigenes Gewebe. Nahe der Schale sind diese Substanzen viel stärker konzentriert als weiter innen im Fruchtfleisch. Denn die Schale fängt das Sonnenlicht ein, hier laufen viele jener energiereichen Reaktionen ab, bei denen freie Radikale zuallererst entstehen.

»Flavonoide schützen das innere Gewebe unter anderem vor der UV-Strahlung«, sagt Dieter Treutter, Leiter des Fachgebiets Obstbau an der Technischen Universität München. »Aber sie können dem Apfel auch bei der Verteidigung gegen Schädlinge helfen.« Zum Beispiel gegen den Apfelschorf: kreisrunde dunkle Flecken, die durch Pilze verursacht werden. An den befallenen Stellen entstehen mitunter kleine Risse, durch die die Fäule in den Apfel eindringen kann. »Es gibt allerdings Sorten, die den Apfelschorf mit Hilfe der Flavonoide zumindest eindämmen können«, ergänzt Treutter.

Ungeschälte Äpfel und Birnen sind reichhaltiger an Vitaminen, Flavonoiden und Nährstoffen als geschälte – und damit gesünder. Wenn wir sie hingegen auspressen, um daraus Apfel- oder Birnensaft zu machen, bleiben mehr als drei Viertel der Flavonoide im Preßabfall zurück.

Warum schäumt Bier? »Tag und Nacht zechen die Germanen, und man könnte sie ebensogut durch die Lieferung berauschender Getränke überwinden wie durch Waffengewalt.« Das berichtet der römische Geschichtsschreiber Tacitus über die alten Germanen, ein Völkchen, das des Schreibens unkundig war, aber pfiffig genug, um aus feuchtem Brot Bier herzustellen. Ein Besucher der Oktober- und sonstigen neugermanischen Volksfeste wüßte wohl ähnliches zu erzählen, denn nach alter Väter Sitte trinkt der Durchschnittsdeutsche heute 120 Liter Bier im Jahr. Er hat gelernt anzuschreiben, wohingegen seine Grundkenntnisse in den Naturwissenschaften international als wenig berauschend gelten.

Fangen wir also beim Bier klein an: mit den Hefepilzen, die beim Gären den in der Bierwürze enthaltenen Zucker verwerten, ihn in Alkohol und Kohlensäure umwandeln. Die prickelnde Kohlensäure ist nichts anderes als Wasser, in dem Kohlendioxid gelöst ist. Bei tiefen Temperaturen wie im Kühlschrank kann Wasser nahezu doppelt soviel Kohlendioxid aufnehmen wie bei Zimmertemperatur. Bier sollte man daher kalt aufbewahren. Und in geschlossenen Behältern. Schon der erhöhte Druck in der Flasche bewirkt, daß mehr Kohlendioxid in Lösung bleibt. Das meiste davon ist rein physikalisch gelöst, weniger als ein Prozent liegt chemisch gebunden als Kohlensäure vor. Mit dem Öffnen des Verschlusses sinkt der Druck schlagartig, und Kohlendioxidgas steigt in Form kleiner Bläschen nach oben.

Wie labil das Gebräu ist, bekommt so mancher Handwerksgeselle zu spüren, wenn ihm ein Kollege, statt normal anzustoßen, mit seiner Flasche einen kräftigen Schlag von oben auf den Hals der soeben geöffneten Pulle erteilt. Ein übler Scherz. Denn dann läuft eine Druckwelle durch die untere Bierflasche, wird am Flaschenboden reflektiert und saust zurück. Die Schwingungen in der Flasche überlagern sich dabei zu Bereichen hohen und niedrigen Drucks. Bei niedrigem Druck aber zerfällt Kohlensäure im Nu, und so schießt das in diesen Abschnitten reichlich gebildete Gas effektvoll und in hohem Bogen aus der Flasche.

Anders als beim Mineralwasser zerplatzen die Gasblasen beim Bier nicht gleich an der Oberfläche. Bier schäumt. »Es enthält Eiweiße, die vorwiegend aus der Gerste stammen«, sagt Gerhard Koßmehl, Chemiker der Freien Universität Berlin. Die Eiweißmoleküle, aber auch Hopfenbitterstoffe vernetzen sich gut miteinander und bilden dünne, elastische Flüssigkeitshäutchen. »Sie umschließen die Gasblasen, und es entsteht eine Schaumkrone.«

Der Schaum hat eine Art Bienenwabenstruktur. Die Lamellen zwischen den Gasblasen sind jedoch so dünn, daß darin nur wenig Farbstoffe enthalten sind. Der Schaum ist weiß, obschon das Bier selbst oft eine frische gelbe Farbe hat.

Warum schadet schlechtes Wetter der Frisur? Probieren Sie doch mal was Neues! Warum nicht? Ein bißchen Veränderung tut hin und wieder gut und hilft vielen Frauen schnell über eine kleine Formschwäche hinweg. Ihr Haar macht fast jede neue Welle mit. Ist es erst einmal naß, läßt es sich biegen und kräuseln, in feinen Strähnen auf Klettwickler rollen und behält nach dem Trocknen die modische Form bei.

»Wasser ist ein Weichmacher für die Haare«, sagt Annette Schwan-Jonczyk, Wissenschaftlerin bei der Wella AG. Das Haar saugt die Feuchtigkeit nicht wie ein Schwamm auf, sondern hält das Wasser chemisch fest. Einerseits lösen die Wassermoleküle die weniger stabilen chemischen Bindungen in den Haarfasern. »Das Wasser spaltet die Wasserstoffbrücken zwischen den Eiweißmolekülen.« Gleichzeitig aber gibt es für die Wassermoleküle selbst viele mögliche Ankerplätze. Daher quellen nasse Haare auf wie Spaghetti. Beim Fönen verflüchtigt sich das aufgenommene Wasser wieder, das Haar zieht sich zusammen. Im trockenen Haar bleibt nur eine Restfeuchte von etwa 15 Prozent zurück. Spannt man es während des Fönens über einen Wickler, werden neue Bindungen fixiert.

Eine solche Wasserwelle ist freilich nicht von Dauer. Wird sie nicht durch Haarspray oder einen Festiger stabilisiert, dann genügt schon ein Platzregen, um das locker geknüpfte chemische Netzwerk erneut zu lösen und die schönen Locken auszuwaschen.

Auch beim herbstlichen Nebel oder bei einem Besuch in der Sauna leidet die Frisur. Denn die Haare saugen ständig Feuchtigkeit aus der Luft auf. Ihr Austausch mit der Umgebung ist so rege, daß Haare noch heute zur Messung der Luftfeuchtigkeit in Museumsräumen verwendet werden. Das Meßgerät, ein Hygrometer, zeigt dabei die kleinen Dehnungen und Spannungen eines mehr oder weniger feuchten Haarbündels an.

Wenn die künstlichen Locken einen Regenguß oder eine erneute Wäsche überstehen sollen, so gelingt dies nur durch den Einsatz entsprechender Chemikalien. Diese trennen nicht nur die Wasserstoffbrücken zwischen den Eiweißen auf, sondern auch die wesentlich stabileren Schwefelverbindungen in den

Haarfasern. Eine Fixierlösung schließt die offenen Bindungen nach dem Wickeln an einer neuen Stelle, es entsteht eine Dauerwelle. Wer dann allerdings wieder einmal etwas Neues ausprobieren möchte, dem kann nur noch der Friseur helfen.

Warum läuft die Nase? Meine erste Nasenhaarschere verdankte ich einem Urlaub am Comer See. Serpentinen rauf, Serpentinen runter, und plötzlich fand ich mich in einem alpinen Bergdorf wieder, das ganz Europa mit Scheren versorgt. »Pling! Pling! Pling!« – eine Scherenfabrik neben der anderen, und gleich in der ersten drehte man mir ein kindgerechtes Exemplar mit abgerundeten Enden an. Ich benutze die Schere heute noch, allerdings nur hin und wieder. Denn unter den haarigen Hinterlassenschaften der Evolution gehört das Nasenhaar zu den nützlichsten – und unauffälligsten. Statt in wilden Büscheln von den Nasenflügeln herabzuhängen, wächst es zumeist versteckt und dezent im Innern der Nase. Wie eine Reuse hält es den herannahenden Staub und Schmutz ab.

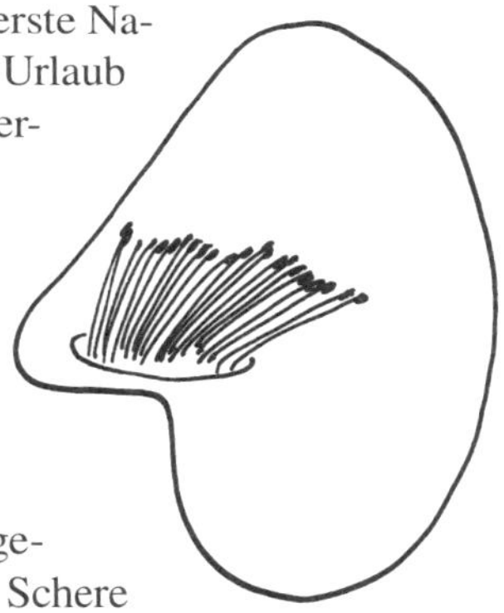

Eine ähnliche Funktion haben die Millionen Flimmerhärchen in unseren Nasenhöhlen und Nebenhöhlen, die die Schleimhaut bedecken. Diese Härchen bewegen sich wie winzige Getreidehalme im Wind. Dabei transportieren sie den in der Nase gebildeten Schleim zum Rachen. An dem zähen, klebrigen Sekret bleiben feinere Schmutzpartikel hängen, aber auch Bakterien oder Viren.

Wenn allerdings stete Heizungsluft die Schleimschicht ausdünnt oder ganz austrocknet, können Schnupfenviren den Weg zu den Schleimhautzellen finden. Viren besitzen keinen eigenen Stoffwechsel und suchen daher eine Wirtszelle, um sich zu vermehren. Die Zellen der Nasenschleimhaut erkennen in den spezialisierten Schnupfenviren irrigerweise körpereigene Boten und gewähren ihnen Einlaß. Im Innern der Zelle wird die Eiweißhülle des Virus zersetzt und das Erbgut frei. Nun kann sich das Schnupfenvirus in Ruhe vervielfältigen. »Innerhalb weniger Stunden bringen die Viren die Zelle zum Platzen«, sagt Hans Wilhelm Doerr, Leiter des Instituts für Medizinische Virologie an der Universität Frankfurt am Main. »Dann befallen sie weitere Zellen und breiten sich noch stärker aus.«

Der Körper nimmt diesen Angriff nicht einfach hin. Er schickt mit dem Blut resolute Truppen, etwa weiße Blutkörperchen, an Ort und Stelle. Die stärker durchblutete Schleimhaut schwillt an, nach einiger Zeit setzt sich die Nase zu. Zunächst aber produzieren die Zellen vor allem mehr Schleim, um die Viren auszuschwemmen. Die Nase läuft. Der Schnodder besteht hauptsächlich aus Wasser, enthält aber auch diverse Abwehrstoffe.

Die Möglichkeiten, sich vor einem solchen Schnupfen zu schützen, sind begrenzt. Der beste Rat ist womöglich der, sich von Triefnasen und ihren Schnupfenviren fernzuhalten. Den mehr als 200 verschiedenen Schnupfenviren haben wir vor allem in jungen Jahren wenig entgegenzusetzen.

Warum bleiben Windeln trocken? Verblüffend, was so eine Wegwerfwindel alles aufsaugt. Bis zu anderthalb Liter Flüssigkeit verschwinden darin – und trotzdem bleibt die Windel trocken. Die Flüssigkeit ist einfach weg. Selbst wenn sich das Kind mit seinem ganzen Körpergewicht draufsetzt, läuft die Windel nicht gleich wieder aus wie ein ausgedrückter Schwamm. Die Windel ist ein High-Tech-Produkt. Ihre Füllung besteht heutzutage nicht mehr einfach aus Zellstoff, sondern aus einem Superabsorber, der die Flüssigkeit aufnimmt. Dabei quellen die Partikel des Superabsorbers zu einem Gel auf und binden das Wasser.

Grundlegend dafür sind lange Molekülsequenzen, die Polymere, die zusätzlich noch zu einem dreidimensionalen Netzwerk verknüpft sind. »Die Polymermoleküle sind elektrisch geladen«, sagt Thomas Schweizer, Werkstoffingenieur am Institut für Polymere der Eidgenössisch Technischen Hochschule Zürich. Um diese Polymere herum lagern sich die Wassermoleküle mit ihrer unsymmetrischen Ladungsverteilung an. »So wird das Wasser durch elektrostatische Kräfte festgehalten.«

Es wird aber nicht nur gespeichert, sondern auch in die Windel hineingezogen, sobald das Baby zu pinkeln anfängt. Der Superabsorber enthält nämlich Natriumionen. Wenn er mit Flüssigkeit in Berührung kommt, sind Innen- und Außenseite der Windel bestrebt, die unterschiedliche Konzentration an Natriumionen auszugleichen. Das Natrium selbst ist jedoch im Polymernetzwerk gefangen und kann nicht raus. Die einzige Möglichkeit für einen solchen Ausgleich liegt also darin, daß – andersherum – die kleinen Wassermoleküle in den Superabsorber eindringen, um ihn zu verdünnen und so die Konzentration an Natriumionen zu senken.

Im Verlauf dieses Prozesses, der Osmose, gelangt immer mehr Wasser in die Hohlräume des Superabsorbers hinein. Er kann das Hundert- bis Tausendfache seines eigenen Gewichts an Wasser aufnehmen.

Eine besondere Kunst besteht darin, das molekulare Geflecht so dicht zu machen, daß es ein Maximum an Flüssigkeit einlagern kann, diese aber auch dann nicht austritt, wenn das gewickelte Baby auf der Windel herumhopst. Dazu müssen die Polymere gut miteinander vernetzt sein. Wie dies am besten gelingt, studieren Wissenschaftler inzwischen am Supercomputer: Molekül für Molekül. Den Praxistest dagegen macht nach wie vor das Baby, das die Fortschritte der Polymerforschung hautnah miterlebt.

Warum muß guter Wein lange lagern? Rotweine, wie sie uns der Sommer 2003 bescherte, bleiben erst einmal im Faß. Während wir viele Lebensmittel rasch verzehren, weil sie sonst schlecht werden, müssen hochwertige Weine zunächst reifen. Der Winzer verarbeitet die roten Trauben nach der Ernte zur Maische, einem Gemisch aus Fruchtfleisch, Beerenhäuten und Kernen. Anders als beim Weißwein, der sofort gepreßt wird, läßt der Winzer beim Rotwein die noch ungepreßte Maische gären. Das erreicht er durch den Zusatz von Hefe: Unter ihrem Einfluß verwandelt sich der Zucker der süßen Trauben in Alkohol und Kohlendioxid.

Der Alkohol wirkt wie ein Lösungsmittel: Er entzieht den Schalen rote Farbstoffe, die Maische färbt sich. Auch bittere Substanzen aus den Kernen, die Gerbstoffe, gehen nun nach und nach in die Flüssigkeit über. Beim Weißwein ist das unerwünscht, dem Rotwein hingegen geben diese Gerbstoffe seinen typischen Geschmack. »Sie reagieren mit dem Eiweiß in unserem Speichel«, erklärt Ernst Büscher, Önologe am Deutschen Weininstitut in Mainz. »Die Eiweiße verklumpen, und man bekommt eine leicht belegte Zunge.«

Bei einem jungen Rotwein sind die Gerbstoffe noch recht aggressiv. Wenn der Wein jedoch lange in Fässern liegt und der Sauerstoff fein dosiert über das Holz eindringt, schließen sich die Gerbstoffmoleküle zu größeren Einheiten zusammen. Sie schweben in der Flüssigkeit und setzen sich mit der Zeit am Boden ab. Wenige große Gerbstoffmoleküle haben eine deutlich geringere Oberfläche als viele kleine. Sie sind weniger reaktionsfreudig. Ein alter, hochwertiger Rotwein schmeckt daher geschmeidiger und runder. Wie lange sich der gute Tropfen hält, hängt unter anderem von den Gerbstoffen und dem Alkoholgehalt ab. Ein Rotwein mit 13 oder 14 Prozent Alkohol kann länger gelagert werden als ein durchgegorener Weißwein mit nur zehn oder elf Prozent.

Mit dem Alter verändert sich der Wein auch in anderer Hinsicht. Die Farbstoffe und die vielen hundert Aromen im Rot- oder Weißwein reagieren mit dem Alkohol und dem eindringenden Sauerstoff. Ein Weißwein etwa wird dadurch güldener, milder, harmonischer, seine Säure tritt in den Hintergrund. Auch er reift. Wenn er sich allerdings irgendwann bräunlich zu färben beginnt, ist er nicht mehr genießbar.

Warum knackt die Heizung? Manchmal sitze ich alleine vor einem Gläschen Wein, und anstatt mit anderen anzustoßen, bringe ich das einzelne Weinglas zum Klingen: Ich lasse den angefeuchteten Zeigefinger langsam über den Rand des Glases streichen, das Glas beginnt zu schwingen, und schließlich kann ich den zarten Brombeerton des Blauen Spätburgunders hören.

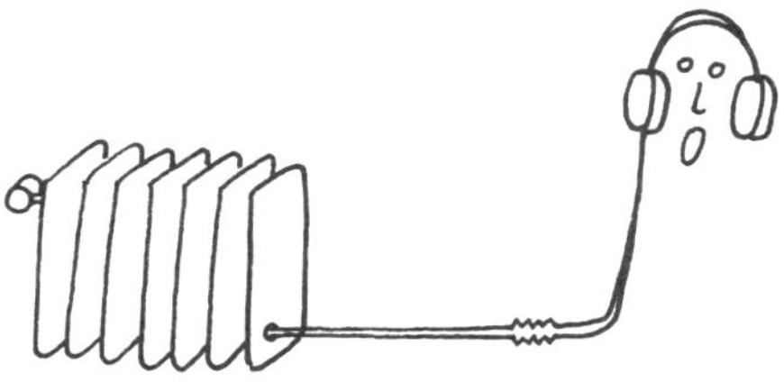

Das Weinglas schwingt vor allem oberhalb der Flüssigkeit. Mit jedem Schluck, den ich nehme, wird der schwingende Teil des Glases daher größer und der Ton, den ich erzeuge, tiefer.

Physikalisch gesehen hat der kleine Zeitvertreib ein recht gewöhnliches Timbre. »Der feuchte Finger gleitet ein Stück über den Rand des Glases, bleibt dann – der Reibung wegen – haften und gleitet kurz darauf weiter«, erläutert der Maschinenbauer Klaus Knothe von der Technischen Universität Berlin. Ein solcher Haft-Gleit-Wechsel in winzigen Schritten, die »Stick-Slip-Bewegung«, regt viele Alltagsgegenstände zum Schwingen an. »Die Tür quietscht in der Angel, die Kreide auf der Tafel, die U-Bahn auf den Gleisen«, sagt Knothe.

Auch das Knacken der Heizung gehört zu diesen großenteils ungeliebten Geräuschen. Heizungsrohre haben nämlich die Angewohnheit, sich beim Erwärmen auszudehnen. So kann sich zum Beispiel ein zehn Meter langes Messingrohr bei einem Temperaturanstieg von 10 auf 60 Grad Celsius in kurzer Zeit um einen ganzen Zentimeter verlängern.

Das geht oft nicht ohne Hemmnisse vonstatten. Wenn das Rohr zum Beispiel Kontakt zum Estrich oder zum Mauerwerk hat, wenn die Rohrschellen keine schalldämmenden Kunststoffeinlagen besitzen oder es sonst irgendwo unsachgemäß montierte Verbindungen gibt, dann entladen sich die nun entstehenden Reibereien in der Aufheizphase, knack-knack-knack, im Haft-Gleit-Rhythmus. Das Rohr streift über ein anderes Material, der Schall breitet sich bis zum Heizkörper aus. Der verwandelt sich daraufhin in einen Lautsprecher, der die Knackgeräusche nunmehr unüberhörbar an die Luft abgibt. Wo genau der Lärm entsteht, ist mitunter schwer festzustellen. Es kann genügen, einmal am Rohr zu rütteln, um ihn zu beseitigen. Manchmal jedoch hilft nur der Kundendienst.

Warum poppt das Korn? Die Popcornmaschine ist eine Inszenierung des Kinos. Da kann die Flohkiste noch so klein sein, hinter dem Tresen am Eingang findet sich immer irgendein Plätzchen für einen beheizten Kessel, aus dem ein vertrauter warmer Geruch strömt, der sich aber nur in seltenen Fällen mit Knallgeräuschen artikuliert.

Der eine mag es süß, der andere salzig, der Amerikaner buttrig, der Japaner mischt dem Popcorn auch schon mal zerriebenen Seetang unter. Serviert wird es gelegentlich im Eimer, die meisten aber bevorzugen die Popcorntüte, das Füllhorn des seelenschweren Kinogenusses. Sie ist fester Bestandteil der kinematographischen Illusion.

Popcornmais hat ein besonders hartes Korn. Das Wichtigste daran ist die Schale. Sie ist so kräftig und stabil, daß sie nicht gleich platzt, wenn das Wasser im Innern des Korns heiß wird. Der entstehende Wasserdampf dehnt sich zwar aus, kann aber nicht ohne weiteres aus dem Korn raus.

»Das Maiskörnchen ist ein kleiner Dampfkessel«, sagt Friedrich Meuser vom Institut für Lebensmitteltechnologie und Lebensmittelchemie der Technischen Universität Berlin. In diesem Druckkochtopf werden alle Stärkekörner mit Dampf durchsetzt. »Die Stärke beginnt regelrecht zu schmelzen.« Sie verkleistert, ähnlich wie Glas unter hoher Hitze zähflüssig wird. Bei weiter steigender Temperatur wird jedoch der Druck so hoch, daß die Schale plötzlich mit einem Knall aufreißt, als wäre dem Druckkochtopf der Deckel weggeflogen. Augenblicklich kocht die Schmelze über, der bis dahin eingeschlossene Wasserdampf dehnt sich schlagartig aus und bläht die Masse auf. Genauso schnell kühlt sie allerdings auch wieder ab und erstarrt zu einem weißen Schaum. Dessen jeweils einzigartige Form ist das Resultat einer eingefrorenen Explosion. Kein Popcorn sieht aus wie das andere.

Übrigens läßt sich die Größe des Popcorns noch steigern, wenn man den Luftdruck in der Popcornmaschine verringert. Dann nämlich dehnen sich die einzelnen Körner nach dem Zerplatzen der Schale noch weiter aus: Sie können doppelt so groß werden. Bisher hat es diese Unterdruck-Popcornmaschine allerdings noch nicht in die Kinos geschafft.

Warum macht Seife die Hände sauber? Geld stinkt nicht. Aber es ist schmutzig. Wenn ich als Kind am Weltspartag mein Sparschwein geleert, die Pfennige gehäuft, die Groschen gezählt und schließlich alles Kleingeld in blaues oder rosa Papier eingerollt hatte, ermahnte mich meine Mutter als nächstes zum Händewaschen. Die Patina der Münzen und der schwarze Fettschmutz in den Rillen meiner Fingerkuppen gaben ihr recht.

Eine Geldwäsche ist eine gründliche Angelegenheit. Aber glücklicherweise ist so ein Stück Seife ein echter Handschmeichler. Ein bißchen Wasser genügt, um eine Flotte von Seifenmolekülen aus dem Seifenstück herauszulösen und in Bewegung zu setzen. Die kleinen Putzteufel sehen, jeder für sich genommen, aus wie Stecknadeln: Seifenmoleküle haben ein wasserliebendes rundes Köpfchen und einen wasserabweisenden, aber fettliebenden langen Schwanz. Löst sich die Seife im Wasser auf, dann tauchen die Moleküle mit ihren Köpfen in die Flüssigkeit ein, die Schwänze dagegen stehen in die Höh' und ragen aus dem Wasser heraus.

In der Seifenlösung liegen die Seifenmoleküle in einem dünnen Film auf der Wasseroberfläche. Meist ist die Zahl der Seifenmoleküle allerdings so groß, daß dort oben nicht alle Platz finden. Dann stecken Hunderte von ihnen ihre Enden zusammen und bilden kleine Kügelchen, die Mizellen, die frei im Wasser treiben. Im Innern dieser labilen Mizellen kleben die wasserscheuen Schwänze aneinander und sind durch die nach außen gerichteten Köpfe vor der Feuchtigkeit geschützt. Während die Köpfe immer zum Wasser zeigen, können die Schwänze Schmutz und Fett einhüllen. »Beim Händewaschen docken die Schwänzchen der Seifenmoleküle am Fettschmutz an«, erläutert Annette Geuther vom Institut für Didaktik der Chemie der Justus-Liebig-Universität Gießen. »Sie zwängen sich in die Spalten zwischen Schmutz und Haut und hebeln so lange am Schmutz, bis er sich von den Händen ablöst.«

Das Fett wird nun in den Mizellen verpackt. Die vielen Molekülschwänze zerren aber weiterhin an den eingeschlossenen Fetttröpfchen, reißen sie auseinander und hüllen sie erneut ein. Schließlich spült frisches Wasser die vielen ummantelten Schmutzpartikelchen samt Seifenlauge weg.

Warum ist es nachts dunkel? Je dünner der Kalender, desto kürzer die Tage. Die Sonne verschwindet immer früher hinter dem Horizont. Allerdings steht sie nicht allein am Himmel. Etwa 100 Milliarden Sonnen gibt es allein in unserer Milchstraße, und 100 Milliarden solcher Milchstraßen sind über das Universum verteilt. Trotzdem ist der Nachthimmel dunkel. Warum leuchtet nicht an jedem Punkt des Firmaments ein Licht, wenn das Universum voll von Sternen und Galaxien ist?

Stellen wir uns das Weltall als einen Wald voller Sterne vor, so ist die nächtliche Dunkelheit tatsächlich unbegreiflich. Im tiefen Wald sehen wir in jeder Lücke, die sich auftun könnte, einen neuen Baumstamm. Warum sitzt nicht auch am Himmel ein Stern neben dem anderen?

Das All ist kein tiefer Sternenwald. Es gibt einen äußeren Rand, hinter dem so gut wie keine neuen Sterne mehr auftauchen. »Dahinter nimmt die Sternpopulation sehr schnell ab«, sagt Hans-Thomas Janka vom Max-Planck-Institut für Astrophysik in Garching.

Je weiter wir ins All hinausschauen, desto weiter schauen wir auch in die Vergangenheit zurück. Sterne gibt es aber nicht seit ewigen Zeiten im Kosmos. Das Universum hatte einen Anfang. Die ersten Sterne entstanden wenige 100 Millionen Jahre nach dem Urknall, waren sehr groß und verglühten rasch. Erst nach einigen Milliarden Jahren erreichte die Sternentstehung ihren Höhepunkt. Das Licht vieler Sterne im All hat uns noch gar nicht erreicht, weil sie zu weit weg sind. Aber selbst wenn wir unseren Horizont irgendwie ausweiten könnten – die Sterne würden nicht ausreichen, den Himmel hell zu erleuchten. In Anbetracht der Größe des Alls sind es viel zu wenige.

Es wäre allerdings nachts ein klein wenig heller bei uns, wenn sich das All nicht so rasant ausdehnen würde. Durch die Expansion verändert sich das Licht sehr ferner Sterne, denn auf dem langen Weg zur Erde verlängert sich die Wellenlänge des Sternenlichts. Statt gelb wie unsere Sonne ist die Strahlung vieler sehr weit entfernter Sterne bestenfalls noch infrarot – und damit für das menschliche Auge nicht mehr sichtbar. Sie verschwinden aus unserem Horizont.

Freuen wir uns also vor allem an einem Stern: unserer Sonne. Apropos Sonne: Wissen Sie auch, warum es tagsüber hell ist? Nun ja, weil die Sonne scheint, oder?

Das Argument ist nicht ganz stichhaltig. Über dem Mond, der nicht weiter von der Sonne entfernt ist als die Erde, bleibt der Himmel tagsüber dunkel. Dort leuchtet nur das kleine Sonnenscheibchen hell. Das Entscheidende ist: Der Mond hat keine Atmosphäre, die Erde dagegen schon. Die vielen Luftmoleküle darin streuen und verteilen das Licht über weite Teile des Globus.

Warum brennt die Glühbirne durch? Die Halogenlampe ist eine heiße Erfindung: Sie leuchtet heller als eine normale Glühbirne, aber obwohl sie höhere Temperaturen aushalten muß, lebt sie länger. Ihr Glühfaden verliert zwar durch die größere Hitze mehr Material, dünner wird er deshalb jedoch nicht. Der Werkstoff wird auf raffinierte Weise recycelt.

Der Glühfaden einer gängigen Haushaltsglühbirne besteht aus Wolfram. Fließt ein elektrischer Strom durch den Draht, steigt die Temperatur des Metalls bis auf 2500 Grad Celsius. Er fängt an zu glühen und leuchtet, wie gewünscht, hell auf. Wolfram hat von allen Metallen die höchste Schmelztemperatur. Aber sobald er weiß glüht, erweicht auch ein Wolframdraht. Einzelne Atome verdampfen, lösen sich von der Oberfläche des Glühfadens, schlagen sich auf dem Glaskolben nieder und bilden darauf einen grauen Film. Mit der Zeit wird die Glühbirne immer undurchsichtiger, der Draht dünner und dünner. Nach etwa 1000 Brennstunden, wenn die Lampe schon ziemlich schwarz aussieht, brennt der Glühdraht schließlich durch.

Das Licht würde noch viel schneller erlöschen, wäre der Draht nicht von jeglicher Luft abgeschirmt. Kommt Sauerstoff an das Metall heran, verbrennt Wolfram nämlich bereits bei viel niedrigerer Temperatur. Um es vor heftigen Reaktionen mit Sauerstoff zu schützen, wird der Glaskolben klassischer Lampen daher entweder luftleer gepumpt oder mit einem reaktionsträgen Gas gefüllt.

Doch mit geeigneten chemischen Zusätzen in dieser Gasfüllung lebt die Lampe noch einmal deutlich länger, etwa mit Halogengasen wie Jod oder Brom. »Das von dem Draht abgedampfte Wolfram geht eine chemische Verbindung mit den Halogenatomen ein«, sagt Wolfgang Andorfer, Produktmanager für Halogenlampen bei der Firma Osram in München. In einiger Entfernung vom Draht, dort, wo die Temperatur nicht so hoch ist, schließen sich die beiden Stoffe zu Wolframhalogenid zusammen. Das zirkuliert im Kolben, und wenn es erneut die Glühwendel erreicht, trennen sich die Wolfram- und Halogenatome unter der enormen Hitze wieder. »Das Wolfram lagert sich dabei wieder an den Draht an«, sagt Andorfer. Anstatt das Glas zu schwärzen, wird es recycelt.

Allerdings ist der Kreislauf nicht perfekt. Das Wolfram gelangt nicht unbedingt wieder dorthin, wo es zuvor vom Faden abgelöst wurde. Auch der Draht der Halogenlampe brennt daher irgendwann durch. Sie hat aber eine deutlich längere Lebensdauer als die herkömmliche Glühbirne.

Warum ist der Mond am Horizont so groß? Zum Martinsfest begegnen wir der dunklen Jahreshälfte mit einem Lichtermeer aus selbstgebastelten Laternen. Kinder ziehen mit ihren Eltern singend durch die Straßen, an langen Holzstäben tragen sie Lampions aus Papier, Pappe und Pergament: leuchtende Gänse, gelbe Sonnen und Sterne. Auch der lachende Mond reiht sich in den munteren Laternenumzug ein: ein Doppelgänger unseres fernen Erdtrabanten, der währenddessen traditionsbewußt vom Abendhimmel hinunterschaut.

Hoch oben am Firmament sieht der Mond recht klein aus. Wandert er aber zum Horizont hinab, scheint er anzuwachsen, so als würde er sich der Erde dabei nähern. Manchmal steht er ganz dicht über dem Horizont. Dann wirkt er auf uns riesig, bisweilen nahezu doppelt so groß wie sonst.

Der Mond wächst allerdings nicht wirklich, sondern nur in unserer Wahrnehmung. Ganz ähnlich, wie uns auch die Sonne beim Sonnenuntergang manchmal viel größer erscheint als tagsüber. Psychologen wissen, warum: Wenn wir den Mond am Horizont hinter Bäumen und Häusern sehen, so erscheint er uns weit weg. Denn zwischen uns und ihm breitet sich eine ganze Landschaft aus. Was aber weit entfernt ist – das sagt uns die alltägliche Erfahrung –, das ist in Wirklichkeit sehr viel größer, als uns unsere Augen verraten.

In unserem Gehirn ist diese Kenntnis fest verankert. Wir beziehen sie unwillkürlich in unsere Wahrnehmung mit ein. Daher wähnen wir den Mond am Horizont automatisch größer als den Mond über uns, der uns weniger weit weg vorkommt.

Sobald er hoch am Himmel steht, bleiben uns als einzige Anhaltspunkte, um seinen Abstand einzuschätzen, nur noch die Sterne.

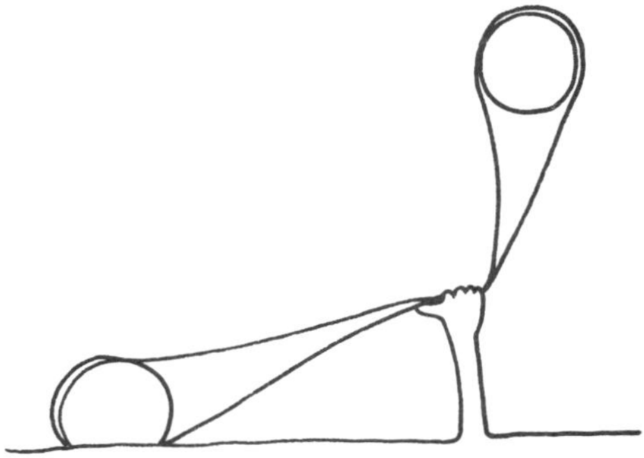

»Als hellglänzende Scheibe oben vor dem dunklen Nachthimmel erscheint uns der Mond im Vergleich zu der unermeßlichen Weite der Fixsterne klein und verloren«, sagt Jakob Staude vom Max-Planck-Institut für Astronomie in Heidelberg. »Aber den Unterschied zwischen dem großen und dem kleinen Mond gibt es nur in unseren Köpfen. Wenn man ihn mit der Kamera aufnimmt, dann ist er immer gleich groß.« Mit knapp 3500 Kilometern hat der Mond etwas mehr als ein Viertel des Durchmessers unseres Erdballs.

Warum regnet es Sternschnuppen? Mit dem Himmel sind die meisten von uns nicht besonders gut vertraut. Vor allem wir Stadtmenschen nicht. Aber von einer Nacht zur nächsten, von einem Jahr zum anderen verändert sich dort oben auch kaum etwas. Sonne, Mond und Sterne, sie alle folgen ihrem Kalender mit geradezu mathematischer Strenge. Es gibt kaum etwas Verläßlicheres als das Geschehen am Firmament. Plötzlich aber: ein kurzes Aufblitzen! Eine bezaubernde Ordnungswidrigkeit! Eine Sternschnuppe! Und bei dem Gedanken, was wir uns so auf die Schnelle wünschen könnten, entdecken wir schon eine weitere Leuchtspur am Himmel, bald darauf noch eine. Es regnet Sternschnuppen. Märchenhaft – und unpoetisch zugleich.

Denn nüchtern betrachtet, geschieht auch dies in mehr oder weniger festen Zeitabständen. Im Herbst zum Beispiel dringen um den 11. November herum die Tauriden in unsere Atmosphäre ein. Ihnen folgt etwa um den 17. November der Leonidenstrom. Beide, Tauriden und Leoniden, sind Überreste eines Himmelskörpers: Hinterlassenschaften eines Kometen.

Kometen kreisen in langgestreckten Bahnen um die Sonne. Die oft einige Kilometer dicken Brocken bestehen aus Wassereis, aus Staub und verschiedenen gefrorenen Gasen. »Es sind schmutzige Schneebälle«, sagt Ulrich Christensen, Direktor am Max-Planck-Institut für Sonnenphysik in Katlenburg-Lindau. »Wenn sie der Sonne nahe kommen, heizen sie sich auf, und die Eisteilchen beginnen zu verdampfen.« In Sonnennähe schießen aus ihrem Innern richtige Gasfontänen heraus, die den Staub mit sich fortreißen. Der Staub funkelt als Kometenschweif im Sonnenlicht, aber mit der Zeit verteilt er sich entlang der Kometenbahn.

Bei jedem Lauf des Kometen um die Sonne wiederholt sich dieses Schauspiel. So entstehen immer neue Staubfahnen, und in einige dieser diffusen Staubbänder gerät die Erde auf ihrer eigenen Bahn um die Sonne mehr oder minder regelmäßig hinein. Je frischer die jeweilige Staubfahne ist, um so mehr Staubkörnchen dringen dabei in die Erdatmosphäre ein. In der dichten Lufthülle unseres Planeten verglühen sie in rasender Fahrt und leuchten als Sternschnuppen am Himmel.

Warum hält Kaffee wach? Journalist sein. Sich wachhalten lassen von Nachrichten. 17 Uhr 17: Bei Paris entgleist ein Zug. 17 Uhr 17: Britische Forscher stellen fest: Freundschaften verringern das Herzinfarktrisiko. 17 Uhr 17: Im Irak wird ein somalischer Lastwagenfahrer freigelassen. 17 Uhr 18 …

Die Welt, in dauerndem Wachzustand, stellt den Reporter auf die Probe. »Halten Sie sich bereit für das nächste große

Thema!« »Aber wenn die Augen müde werden? Wenn sich der Blick aus dem Fenster in der Dämmerung verliert, die nun so früh hereinbricht wie seit Monaten nicht?« »Dann trinken Sie einen Kaffee!«

Das Aufputschmittel wirkt Wunder. 60 bis 100 Milligramm Koffein nimmt man mit jeder Tasse zu sich, egal ob es sich um normalen Filterkaffee oder um einen Espresso handelt. Über Magen- und Darmwände gelangt dieses Koffein ins Blut und wandert dann zu den Organen und zum Gehirn. Um 17 Uhr 18 eingenommen, zeigt es gegen 18 Uhr erste Wirkung.

Die Koffeinmoleküle sehen einem Stoff zum Verwechseln ähnlich, den unsere Nervenzellen produzieren: dem Adenosin. Während wir arbeiten und unsere Nervenzellen aktiv sind, entsteht diese Substanz als Abbauprodukt. »In bestimmten Gehirnarealen nimmt das Adenosin im Laufe des Tages immer mehr zu«, sagt Christa Müller vom Pharmazeutischen Institut der Universität Bonn. Ist der Adenosinspiegel hoch, schippern wir sachte in den Hafen der Ruhe. Denn der Stoff setzt eine lange Welle biochemischer Prozesse in Gang, die das zentrale Nervensystem dämpfen. »Adenosin hemmt zum Beispiel die Ausschüttung von Botenstoffen«, erklärt Christa Müller. Wenn weniger Boten die Informationen hin und her leiten, geht alles langsamer, Müdigkeit schleicht sich ein. Für die Adenosinmoleküle gibt es spezielle Andockstellen. Das Koffein ähnelt dem Adenosin allerdings derart, daß es wie ein zweiter Schlüssel in diese Schlösser paßt: Es entpuppt sich als Gegenspieler des Adenosins. Nach und nach blockieren die Koffeinmoleküle dessen Anlegeplätze.

Das Adenosin kann seine dämpfende, beruhigende Wirkung auf das Zusammenspiel unserer 100 Milliarden Nervenzellen nun nicht mehr voll entfalten. Konzentrationsfähigkeit und Aktivwortschatz nehmen wieder zu, gegen 18 Uhr 30 läuft der Journalist zu neuer Höchstform auf. Sie hält freilich nur so lange, bis das Koffein wieder abgebaut wird und die winzigen Adenosin-Sandmännchen erneut die Oberhand gewinnen.

Warum zucken wir beim Einschlafen? »Wer schläft, sündigt nicht.« Sagt der Volksmund. Die eigene Erfahrung sagt etwas anderes. Es genügt bereits, sein Bett mit einem Partner zu teilen, um ein subversives Potential aus Tritten und Knuffen unter der Decke kennenzulernen, das mit dem Wesen der Ehe nur schwer vereinbar sein dürfte. Ich habe zudem die Bekanntschaft einer Frau gemacht, die regelmäßig im Kino oder im Theater wegnickt und mit ein, zwei kurzen Tritten den Sitz und den Rücken des Vordermannes malträtiert, davon plötzlich selbst aufschreckt und aus ihrem Dämmerzustand erwacht.

Betretenes Schweigen! Wer schläft, wird für nichts zur Rechenschaft gezogen. Denn ob er beim Wegdösen mit dem Arm ausschlägt oder Tritte verteilt – alles geschieht völlig unkontrolliert.

Koordinierte Bewegungen beruhen auf einem Zusammenspiel von vielen Muskelpaaren: Zieht zum Beispiel der eine Muskel, der Beuger, den Unterarm hoch, hält der andere, der Strecker, dagegen. So schießt der Arm nicht über das Ziel hinaus. Dieses Wechselspiel funktioniert allerdings nur bei regulärer Muskelaktivität. Bei zu hohem Muskeltonus spannen sich Beuger und Strecker beide gleichzeitig zu stark an, etwa bei einer heftigen Erregung. Wir sind dann steif und ver-

krampft, und jede Bewegung ist mit einer großen Anstrengung verbunden.

Beim Zubettgehen passiert genau das Gegenteil: Fallen wir in den Schlaf, entspannen sich unsere Muskeln. So weit, bis wir schließlich im Traumschlaf gelöst und locker daliegen und nahezu völlig bewegungsunfähig sind. In der Übergangsphase vom Wach- zum Schlafzustand kommt es bei 60 bis 70 Prozent der Menschen zu unkontrollierten Zuckungen. Oft sieht man sie von außen gar nicht, aber manchmal können sie sehr heftig und ruckartig sein. Wenn dann der Beuger am Unterarm zieht, bleibt der dazugehörige Strecker entspannt, der Arm schlägt aus.

Die Beweggründe sind oft ganz harmlos. »Auch im Prozeß der Entspannung sind wir weiterhin Reizen ausgesetzt«, erläutert Jürgen Zulley, Leiter des Schlafmedizinischen Zentrums der Universität Regensburg. Während wir einschlummern, begleiten uns bizarre Bilder und Gedanken, die die Einschlafzuckungen auslösen können. »Aber auch äußere Reize können die Ursache sein, zum Beispiel, daß die Bettdecke den Arm berührt«, sagt Zulley.

Mit schwindendem Bewußtsein verlieren wir die Kontrolle über unseren Körper. Und über unsere Nerven, die nun hin und wieder falsche Signale in Richtung der Muskeln aussenden. Zucken wir dann allzu heftig, müssen wir darauf vertrauen, daß wenigstens andere die Nerven behalten.

Warum kocht die Milch über? Da will man sich einen heißen Kakao machen, hat gerade mal einen Moment nicht aufgepaßt, und schon ist es passiert: Die Milch kocht über! Sie beginnt zu brodeln, der Schaum quillt aus dem Topf, ergießt sich über den Herd und verkohlt auf der Platte. Auch am Boden des zu heiß gewordenen Topfes kleben brauner Milchzucker und Milcheiweiß – eine hartnäckige Kruste, die nur schwer wieder abzubekommen ist.

Daß Milch so leicht überschäumt, liegt an den in ihr enthaltenen Eiweißen. Milch besteht zwar vor allem aus Wasser, aber auch aus Milchzucker, Fett, Mineralstoffen – und Eiweißen. Je nach den Bedürfnissen des Neugeborenen enthält sie mehr Eiweiß, wie zum Beispiel Kuhmilch, oder weniger, etwa die Muttermilch der Frau. Die Eiweiße bilden lange, in sich verschlungene Molekülketten. Dazu zählen die hitzestabilen Kaseine und die etwas wärmeempfindlicheren Albumine und Globuline. Ihre Molekülfäden werden jeweils von Schwefelverbindungen zusammengehalten. Beim Erwärmen der Milch brechen diese Schwefelverbindungen auf, und es entsteht Schwefelwasserstoff, der der heißen Milch den für sie typischen Geruch verleiht.

Die derart aufgespaltenen Eiweißmoleküle formen nun mit ihren Nachbarmolekülen ein neues, festeres Netzwerk: Sie gerinnen, die Globuline bereits bei etwas niedrigerer Temperatur als die Albumine. Das geschieht nicht nur beim Erwärmen von Milch, beim Eierkochen verknäueln Albuminmoleküle ebenfalls miteinander, das Eiweiß wird fest. Auf der Oberfläche der heißen Milch bilden die Eiweißnetze eine dünne Haut. Sie hüllen aber auch schon die im Topf aufsteigenden Wasserdampfbläschen ein. »Der Dampf kann sich nicht so einfach verflüchtigen wie beim Wasserkochen«, sagt Klaus Pabst von der Bundesanstalt für Milchforschung in Kiel. »Die Milch fängt daher an zu schäumen, und der zunehmende Dampfdruck treibt sie schließlich aus dem Topf.«

Ein wenig läßt sich der Schaum dadurch bändigen, daß man den Rand des Topfes mit Butter bestreicht. Fett ist der natürliche Feind des Milchschaums wie auch des Eischnees. Sicherer aber ist es, die Milch geduldig bei kleiner Flamme zu kochen und in der Nähe zu bleiben, solange der Topf noch auf dem Herd steht.

Warum versagt die Autobatterie bei Kälte? Wenn der erste Frost kommt, fällt so manches Auto über Nacht in den Winterschlaf. Am Morgen gibt es nur noch ein müdes Stottern von sich. Während unser Puls mit jeder Umdrehung des Zündschlüssels steigt, rührt sich bei unserem Wagen, artgemäß, bald gar nichts mehr.

Das Auto braucht eine Menge Strom, um den Motor zu starten. Diesen Strom zieht der Anlasser nach Drehen des Zündschlüssels aus der Batterie. Der Stromspeicher muß immer gut gefüllt sein. Deshalb wird die Batterie beim Fahren wieder aufgefüllt: Sobald das Auto einmal in Gang gekommen ist, gibt ein Generator, die Lichtmaschine, wieder Strom an den Akku ab.

Eine herkömmliche Autobatterie ist aus vielen einzelnen Zellen aufgebaut. Jede geladene Zelle hat eine positive Platte, die im wesentlichen aus Blei und Sauerstoff besteht, und eine negative Platte aus reinem Blei. Beide Platten sind in eine verdünnte Schwefelsäure getaucht. Werden Plus- und Minuspol miteinander verbunden, kann sich die Batterie entladen und Strom abgeben. Für einen solchen Kontakt sorgt das Drehen des Zündschlüssels: Jetzt fließen Elektronen von dem Minuspol über den Verbraucher zum Pluspol. Dadurch ändert sich aber auch die chemische Zusammensetzung der Platten. Gelangen die Elektronen zum Pluspol, wird dort Sauerstoff frei. Die Sauerstoffatome entziehen der Schwefelsäure sogleich den Wasserstoff, um Wasser zu bilden. Übrig bleibt ein Schwefelsäurerest, der sich an beiden Platten ablagert.

Beim Aufladen der Batterie kehrt sich dieser Ablauf um. Jedenfalls, solange die Batterie noch jung ist. Mit dem Alter können die Schwefelverbindungen aber hart werden und sich für immer an den Platten festsetzen, die Batterie ist dann nicht mehr so leistungsfähig.

Bei Kälte laufen die elektrochemischen Prozesse langsamer ab. Aber nicht nur das. »Wenn's kalt ist, ist auch der Motor nicht so drehfreudig«, sagt Stefan Müller, Produktmanager für Batterietechnik bei der Firma Bosch in Stuttgart. Der Reibungswiderstand wird größer, weil das Schmiermittel, das Öl, nun nicht mehr so flüssig ist. »Der Motor fordert dann mehr Startleistung von der Batterie, gleichzeitig kann die Batterie aber viel weniger geben.« Für einen Kaltstart im Winter muß der Stromspeicher voll sein. Doch wer sein Auto zu lange unbewegt stehenläßt, muß damit rechnen, daß sich der Akku entlädt, weil zum Beispiel Feuchtigkeit einen Kontakt zwischen Plus- und Minuspol herstellen kann. Noch schneller verliert die Batterie ihren Saft, wenn man vergißt, das Licht auszuschalten.

Warum krümeln Kekse? Das Vanillekipferl gehört zur Gattung der Mürbekekse. Es darf schon mal ein kleines bißchen krümeln. Schließlich soll es bereits beim leichten Zubeißen zerbröckeln und auf der Zunge zergehen.

Dem Hartkeks wird das nicht verziehen. Er muß bruchfester sein, knackig und knusprig wie der Klassiker seiner Art, der Leibniz-Butterkeks. Mit dem kann man in der süßen Küche einiges zubereiten: einen geschichteten Schoko-Kastenkuchen zum Beispiel, den »Kalten Hund«, oder einen »LPG-Kuchen« mit sächsischem Weinbrand.

Der Hartkeks ist eine Mischung aus Zucker, Wasser, Mehl und Fett. Er hat allerdings im Vergleich zum Mürbekeks nur einen niedrigen Zucker- und Fettgehalt. Eine feine Walze rollt den Teig millimeterdünn aus, anschließend läuft dieser auf einem Fließband in wenigen Minuten durch den Ofen. Dabei verdampft viel Wasser. Der Zucker schmilzt, verbindet sich mit dem restlichen Wasser und Fett und karamelisiert teilweise. Dieser bonbonartige Karamel macht den Hartkeks so kompakt und fest. Beim Erhitzen oder Abkühlen des Gebäcks kommt es jedoch zu Spannungen. Kühlt der Keks zum Beispiel außen viel rascher ab als innen, dann nimmt der Rand relativ bald Feuchtigkeit aus der Umgebung auf. Der Keksrand dehnt sich aus, während das Herz des Kekses durch Ausdampfen weiter Feuchtigkeit verliert und sich zusammenzieht. »So entstehen Haarrisse, die schon bei kleinsten Erschütterungen zum Brechen der Kekse führen können«, berichtet Walter Freund, Konditormeister und Lebensmitteltechnologe an der Universität Hannover. Der Keks fällt dann schon beim Herausnehmen aus der Packung in zwei Teile. Meist bricht er in der Mitte durch.

Haarrisse bilden sich nicht nur, wenn Kekse zu schnell abkühlen oder der Ofen ungleichmäßig heizt, sondern auch, wenn das Mehl zu intensiv gemahlen wurde. Die dadurch beschädigte Stärke bindet mehr Wasser, und dieses kann innerhalb der kurzen Backzeit nicht wieder verdampfen.

Der Mürbekeks ist weniger anfällig für solche Haarrisse. Denn das Mürbekeks-Rezept enthält kein Wasser. Nicht der Karamel, sondern das Fett ist hier der Klebstoff. Es umhüllt die Stärkekörner des Mehls und hält den Keks so zusammen – mehr oder weniger. Denn der Mürbekeks ist weich. Wenn er bricht, zerkrümelt er gleich in mehrere Stücke.

Warum haben Frauen eher kalte Füße? Die Frau braucht Wärme. Schon morgens am Frühstückstisch schiebt sie ihre Füße unter meine Oberschenkel. Und wenn sich nachts unter der Bettdecke plötzlich zwei Eisklötze an meine wohltemperierten Waden legen, muß ich wohl auch das als Zeichen ihrer Zuneigung verstehen.

Ich bin nicht der einzige Mann, den es immer wieder derart kalt erwischt. Das Phänomen ist weit verbreitet. Zunächst dachte ich: Frauen haben einfach weniger Muskelmasse. Bei fünf bis zehn Prozent weniger Muskeln fehlt es ihrer Heizung an der nötigen Power. Doch die Muskelbewegung, die in der Notlage Wärme produziert, ist das Zittern. Und das spielt zwar bei einer Polarexpedition eine Rolle, jedoch weniger am heimischen Frühstückstisch, wo man sich auch über falsches Schuhwerk nicht so viele Gedanken zu machen braucht.

Dagegen muß man in Rechnung stellen, daß Frauen mehr Fettgewebe haben als Männer. Dem ist auch heute noch so, trotz aller Schlankheitsideale. Eine Frau kann ihre inneren Organe daher besser gegen Kälte isolieren und bei den allzeit gewünschten 37 Grad Celsius halten. Das Fettgewebe ist allerdings nicht so sehr an Händen und Füßen konzentriert. Wenn Frauen dort frieren, kann das an einer schlechteren peripheren Durchblutung und ihrer gemeinhin höheren Sensibilität liegen. »Vor allem jüngere und schlankere Frauen haben häufiger einen niedrigeren Blutdruck als ihre gleichaltrigen männlichen

Gegenstücke«, sagt Vera Regitz-Zagrosek, Leiterin der frauenspezifischen Gesundheitsforschung an der Charité und dem Deutschen Herzzentrum in Berlin. Die Wärme, die über das

Blut in alle Bereiche des Körpers transportiert wird, kommt daher an den Endpunkten, ihren Händen und den noch weiter vom Herzen entfernten Füßen, nicht mehr so gut an. »Außerdem verkrampfen sich ihre Gefäße eher auf Reize von außen hin.« Woran dies liegt, ist ungeklärt, es kann jedoch ebenfalls zu einer mangelnden Durchblutung beitragen.

Alles in allem ist die Frau sensibler. Sie nimmt Veränderungen und Einflüsse ihrer Umwelt, so auch die Kälte, früher wahr, reagiert schneller darauf und beklagt sich eher. Die Sensibilität des Mannes sollte dann wenigstens so weit reichen, auf ihre Wünsche einzugehen. Friert die Frau, kann Mann Punkte sammeln. Zum Beispiel Holz. Bei modernem Wohnkomfort reicht es auch, am Frühstückstisch oder unter der Bettdecke einfach nur stillzuhalten.

Warum tropft die Kerze? Eine kleine, stilvolle italienische Trattoria. Backsteinwände, rustikale Regale mit Rotweinflaschen, helle Holztische – und dann das: Kerzen mit Manschetten aus Alufolie! Der Besitzer des Berliner Lokals hat das Silberpapier eigenhändig zu kleinen Quadraten zurechtgeschnitten und die Kerzen durch die Folie gebohrt, damit ja kein Wachs auf die schönen Tische tropft. Praktisch! Aber wieviel Prävention verträgt Romantik? Und wieviel Wachs ein Docht?

Der Docht ist meist aus Baumwolle geflochten. Ist die Kerze angezündet und bereits ein wenig Wachs geschmolzen, zieht der Docht das flüssige Wachs nach oben wie Löschpapier die Tinte. Die Kräfte, die die Wachsmoleküle an die Baumwollfasern binden, sind größer als die Anziehung der Wachsmoleküle untereinander. Der Docht saugt daher ständig neuen Brennstoff auf. Was an der Dochtspitze, wo ausreichend Luft vorhanden ist, in Flammen aufgeht, wird von unten nachgeliefert.

»Der Docht muß an den Durchmesser der Kerze angepaßt sein«, sagt Edgar Bader, Wachsziehermeister in Burgau. Ist der Docht zu groß, bleibt die Kerze zwar schön trocken, aber das viele Wachs verbrennt nicht vollständig: Die Kerze rußt. »Ist der Docht zu klein, kann er nicht genug Wachs aufsaugen«, erklärt Bader. Das Wachs staut sich – und läuft irgendwann über.

Der Hauptgrund für das Tropfen der Kerze ist aber heutzutage meist nicht mehr der falsch gewählte Docht, sondern die Zugluft. Wenn der Wind mit dem Feuer spielt, bläst er die Flamme in eine Richtung, und die Kerze brennt einseitig ab. Dabei löst die Hitze auch den Rand der Kerze schneller auf, der meist aus einem besonders gehärteten und eingefärbten Wachs besteht. Die Zugluft kann versteckte Ursachen haben. Manchmal reicht es, daß die Kerze in der Nähe eines Heizkörpers steht, wo warme Luft nach oben steigt und zu zirkulieren beginnt, um die Flamme zum Tanzen zu bringen.

Wir schauen diesem Spiel gerne zu, der Trattoriabesitzer nicht. Während er aus der Alufolie bereits wieder neue Quadrate schneidet, wünscht er sich vielleicht die Zeiten zurück, als es noch den Beruf des Wachsschneuzers gab. So jemanden würde er wahrscheinlich gerne einstellen.

WINTER

Warum fällt das Murmeltier in Winterschlaf? Vor der lausigen Kälte möchte ich mich am liebsten verkriechen. Vielleicht noch einmal gut essen gehen und dann: Ab in die Federn, bis zum Frühling! Wie das Alpenmurmeltier, das sich jedes Jahr in seinen Bau drei bis vier Meter tief unter die Erde zurückzieht. In einem Nest aus Heu kuschelt es sich eng an die anderen Murmeltiere aus seiner zehn- bis zwanzigköpfigen Familie und fällt für sechs Monate in Winterschlaf. Draußen findet es um die winterliche Jahreszeit ohnehin nichts mehr zu fressen, kein Gras mehr und keine Kräuter. Damit hat es sich den Sommer über ordentlich Fett angefressen. Sechs Monate lang kann es jetzt von seinem Winterspeck zehren.

Ausgelöst wird der Winterschlaf durch die zunehmende Dunkelheit. Wenn die Tage kürzer werden, produziert der Körper des Murmeltiers vermehrt das Hormon Melatonin, und dieses setzt eine ganze Kaskade hormoneller Reaktionen in Gang. »Die Tiere drosseln zuerst ihren Stoffwechsel«, berichtet Walter Arnold, Leiter des Forschungsinstituts für Wildtierkunde und Ökologie der Veterinärmedizinischen Universität Wien. »Sie schalten zunächst die Heizung ab, und dadurch sinkt die Körpertemperatur.« Von ehemals 37 auf unter 5 Grad Celsius.

Um den Winter über möglichst viel Energie zu sparen, liegt das Murmeltier zusammengekauert da und atmet nur noch zweimal pro Minute. Alle zwei Wochen wird diese Starre für ein bis zwei Tage unterbrochen. Der Stoffwechsel kommt wieder auf Touren, die Körpertemperatur steigt. Während dieser kurzen Aufwärmphasen bleibt das Nagetier meist regungslos sitzen, verbraucht aber mehr als 80 Prozent seiner Fettreserven. Die zeitweiligen Unterbrechungen des winterlichen Energieeinsparprogramms geben Forschern bis heute Rätsel auf.

Vielleicht muß das Murmeltier in regelmäßigen Abständen sein Immunsystem anwerfen, um Infektionen abzuwehren. Es gibt jedoch auch eine andere mögliche Erklärung für die energieintensiven Zwischenphasen: Das Murmeltier muß endlich einmal richtig träumen!

Wenn wir Menschen schlafen, ist unser Gehirn besonders aktiv. Wir träumen, verarbeiten Eindrücke, das Gehirn wird aufgefrischt. Fällt dagegen das Murmeltier in eine Kältestarre, so stellt es fast alle Hirnaktivitäten ein. »Das EEG eines Murmeltiers im Winterschlaf signalisiert Hirntod«, sagt Arnold. Womöglich braucht es die Aufwärmzeiten, um zu träumen und seine Gedächtnisleistungen nicht ganz zu verlieren.

Warum schnarchen vor allem Männer? In der geschlossenen psychiatrischen Abteilung eines Krankenhauses in Berlin-Tempelhof wurde im Jahr 2004 ein Vierundneunzigjähriger mit einem Kissen erstickt. Er war Schnarcher und teilte sein Zimmer mit einem jungen Mann, den das Rattern und Sägen wahnsinnig machte. Eines Nachts griff dieser zum Kissen und erdrosselte den Zimmergenossen.

Wissenschaftliche Studien haben ergeben, daß alte Menschen häufiger schnarchen als junge und Männer öfter als Frauen. Allerdings gleichen sich die Geschlechterunterschiede mit zunehmendem Alter aus. Egal ob Mann oder Frau – von den über Sechzigjährigen schnarcht mehr als jeder zweite. Der unruhige Schlaf im Alter ist ein echtes Zeichen der Schwäche. Mit den Jahren erschlafft das Muskel- und Bindegewebe an einer kritischen Stelle im Rachen, dort, wo die beiden Halbbögen des Gaumens zusammenlaufen. Wie ein Tuch überspannt das Gaumensegel diesen Abschnitt, während in der Mitte ein kleines Zäpfchen vom Gaumendach herabhängt.

»Das Gaumensegel wirkt wie ein Ventil«, erklärt Holger Hein, Internist und Leiter des Schlaflabors des Krankenhauses Großhansdorf. »Beim Schlucken wird es an die Rückwand des Rachens gepreßt und verhindert, daß Nahrung in die Nase gelangt.« Beim Atmen dagegen klappt das Gaumensegel nach vorn. Wenn die Spannung der Rachenmuskeln in der Nacht nachläßt, beginnen Gaumensegel und Zäpfchen zu vibrieren. Sie flattern im Atemwind, weil sich der Rachenraum verengt und die Luft immer turbulenter an ihnen vorbeiströmt. Je stär-

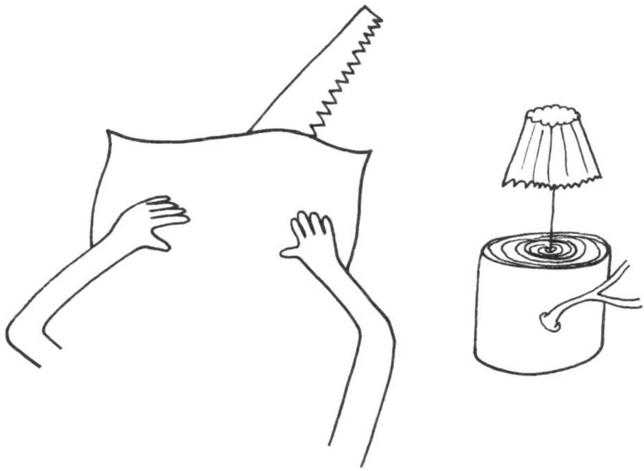

ker sie schwingen, um so eher eröffnen sie das Schnarchkonzert. Basso continuo.

»Männer haben einen etwas engeren Rachen als Frauen und eine weichere Muskulatur«, sagt Hein. Beides macht sie anfälliger fürs Schnarchen. Doch auch viele andere Faktoren erhöhen den Geräuschpegel im Schlafzimmer: Bei Übergewicht lagert sich mehr Fett in den Weichteilen an, der gesamte Rachen verengt sich. Starker Alkoholkonsum indes führt zu einer Entspannung der Muskeln – der Krach ist dann geradezu vorprogrammiert.

Meist schimpft die Frau über ihren schnarchenden Mann, während sie selbst unerhört bleibt. Denn Männer haben in der Regel einen tieferen Schlaf als Frauen, und wer selbst wie ein Stein schläft, kriegt die Soloeinlage der Partnerin nicht mit.

Warum ist der Winter kürzer als der Sommer? Solange die Tage kürzer und kürzer werden, liegt der längste Teil des dunklen Winterhalbjahrs noch vor uns. Der einzige Lichtblick in dieser Situation: Der Winter dauert nicht ganz so lange wie das Sommerhalbjahr. Die kalte Jahreszeit ist auf der Nordhalbkugel um einige Tage kürzer als die warme.

Ein Geschenk des Himmels! Der Winter vergeht deshalb schneller, weil die Erde auf ihrer Bahn um die Sonne nicht immer dieselbe Geschwindigkeit hat. Während sie Anfang Juli mit eher gemächlichen 105000 Kilometern pro Stunde dahinzieht, ist sie im Winter um bis zu 4000 Stundenkilometer schneller – und macht auf diese Weise sechs Tage gut.

»Die Erde läuft nicht auf einer Kreisbahn, sondern auf einer Ellipsenbahn um die Sonne«, erläutert Joachim Krautter, Präsident der Astronomischen Gesellschaft. »Dadurch ändert sich der Abstand der Erde zur Sonne im Lauf des Jahres ein wenig.« Anfang Januar kommt die Erde der Sonne am nächsten, den sonnenfernsten Punkt erreicht sie Anfang Juli. »Je näher ein Planet aber an der Sonne ist, desto schneller bewegt er sich«, sagt Krautter. Er wird dann – von der enormen Schwerkraft der Sonne stärker angezogen – auf seiner Bahn weiter beschleunigt und bekommt zusätzlichen Schwung. Dieser »Drive« läßt den Winter in unseren Breiten ein bißchen schneller verstreichen.

Aber wie? Die Erde ist der Sonne ausgerechnet im Januar am nächsten, wenn wir frieren und auf der Nordhalbkugel Winter herrscht? Zugegeben, das klingt merkwürdig. Aber der Wechsel der Jahreszeiten hat nichts mit der Entfernung der Erde von der Sonne zu tun. Wenn dies nämlich so wäre, dann würden Sommer und Winter auf der Nord- und auf der Südhalbkugel gleichzeitig hereinbrechen, was bekanntermaßen nicht der Fall ist.

Der Jahreslauf hängt allein von der Schrägstellung der Erdachse ab: Wegen der Neigung der Erdachse steigt die Sonne im Sommer hoch über dem Horizont auf, bleibt lange zu sehen und heizt uns ordentlich ein. Im Winter hingegen sind die

Tage kurz, die Sonne hängt tief und spendet weniger Wärme – obwohl sie uns dann etwas näher ist und uns sogar ein bißchen größer erscheint.

Warum ist Schnee weiß? Wenn Schnee in unserer Hand liegt, stellen wir schnell fest, daß er nichts anderes ist als gefrorenes Wasser. Und doch ist er weder glasklar wie ein Eiszapfen noch so transparent wie Eiswürfel. Er ist weiß. In kürzester Zeit kann er Straßen und Felder in eine zauberhafte Winterlandschaft verwandeln.

Das Weiß der Schneeflocken verrät uns etwas über deren Entstehungsgeschichte: Auf dem Weg von der Wolke zur Erde durchqueren die Schneekristalle Zonen unterschiedlicher Feuchtigkeit und Temperatur. Sie nehmen das Wasser nicht auf einmal, sondern erst nach und nach in winzigen Mengen auf und wachsen dabei zu einem filigranen Kunstwerk aus Prismen und Nadeln, Sternen und Säulen heran. Während des Falles verbinden sie sich mit anderen Kristallen zu luftigen Gebilden und erhalten ihre individuelle Gestalt und Größe. Jede Schneeflocke ist ein Unikat, in jeder Schneeflocke liegen Millionen winziger Kristalloberflächen kreuz und quer. Wie kleine Spiegel reflektieren diese Kristalle das Sonnenlicht in alle Richtungen.

»Weil es so viele Reflexionen gibt, ist der Schnee nicht transparent«, erklärt Martin Schneebeli vom Eidgenössischen Institut für Schnee- und Lawinenforschung in Davos. Das Licht dringt kaum in eine Schneeflocke ein. Die unzähligen Spiegelflächen lassen den Schnee vielmehr weiß erscheinen. Sie werfen das ganze Spektrum des einfallenden Sonnenlichts gleichermaßen zurück und verschlucken nicht bevorzugt bestimmte Lichtstrahlen – wie etwa ein grünes Blatt, das rotes Licht zwar sehr gern aufnimmt, grünes Licht dagegen zurückstrahlt.

Wegen der zunächst so großen Zahl der Spiegelflächen ist frischer Pulverschnee gleißender als der bereits etwas zusammengepappte Schnee von gestern. Insbesondere in der Mittagssonne kann Neuschnee im Gebirge so grell sein, daß man ohne Sonnenbrille geradezu »schneeblind« wird. Aber bereits der Wind zerlegt die schönen Schneekristalle nach und nach, und je öfter die Schneedecke antaut und nachts wieder friert, desto glatter und lichtdurchlässiger wird sie. Nach einiger Zeit verwandelt sich auch eine vormals weiße Schneedecke in eine glasige Eisschicht.

Warum hinterläßt Schnee am Schuh weiße Ränder?

Sie lassen sich zwar mit lauwarmem Wasser leicht wieder entfernen, aber es sind häßliche Schlieren, die sich da im Winter mitunter an den Schuhen abzeichnen. Nach einem Spaziergang durch Schnee oder Schneematsch bekommt das dunkle Leder am Rand eine weiße Kruste.

In der Regel ist Streusalz der Übeltäter. Zusammen mit dem angetauten Schnee legt es sich auf den Schuh, und wenn das Wasser nach und nach verdunstet, bleiben die weißen Salzkristalle zurück – wie am Ufer eines Salzsees. Salz wird heutzutage wieder öfter als Streumittel verwendet, wenn Schnee und Eis die Straßen und Bürgersteige bedecken, obwohl es ins Erdreich gelangen, Pflanzen schädigen kann und auch den Autos zusetzt: Salz läßt sie schneller rosten, weshalb sich auch im Winter ab und an ein Besuch in der Waschanlage lohnt.

Einmal ausgestreut, beginnt sich das Salz aufzulösen. Normales Kochsalz zum Beispiel, Natriumchlorid, löst sich sehr schnell im Nudelwasser. Die Natrium- und die Chloridionen hüllen sich in einen Mantel aus Wassermolekülen ein – nicht nur in einen Mantel, sondern in viele solche Gewänder. Das gleiche passiert, wenn man das Salz auf eine Eisfläche streut. »Die Salzionen holen die Wassermoleküle aus den Eiskristallen heraus«, sagt Daniela Freyer von der Arbeitsgruppe Salz- und Mineralchemie der TU Bergakademie Freiberg. Es entsteht eine Salzlösung. Diese hat einen deutlich niedrigeren

Schmelzpunkt als Wasser. Sie bleibt auch bei Minusgraden flüssig, bis hinunter zu minus 21 Grad Celsius.

Unterhalb dieser Temperatur löst sich auch Kochsalz nicht mehr auf, wenn es aufs Eis gestreut wird. Um den Schnee zum Schmelzen zu bringen, falls es derart kalt ist, muß der Streudienst daher statt Natriumchlorid andere Salze wie Magnesiumchlorid verwenden. Sie binden Wasser noch stärker an sich, ihre Lösungen gefrieren erst bei noch tieferen Temperaturen.

Weiße Salzränder auf den Schuhen sind übrigens keine reine Wintererscheinung. Sie können sich auch im Sommer bilden, wenn die Füße zu stark schwitzen. Auch Schweiß enthält Salz – manchmal in sichtbaren Mengen.

Warum rostet Eisen? Das Karosserieblech ist teilweise verzinkt, die Schweißnaht versiegelt, der Unterbodenschutz serienmäßig. Trotzdem fürchten wir, daß unser Auto schon bald zum alten Eisen gehören wird. Denn der Winter ist lang, das Auto schneebedeckt, und auf der Straße wird Salz gestreut, was den Rostfraß noch beschleunigt. Jeder kleine Kratzer im Autolack könnte eine Schwachstelle sein. Der Wagen ist einfach nicht edel genug. Edelmetalle wie Gold oder Platin reagieren so gut wie gar nicht mit Luft. Sie setzen weder Rost noch Grünspan an und bekommen keine Patina, weshalb sich der eine oder andere von uns schon mal einen vergoldeten Zahn leistet.

Für ein vergoldetes Auto reicht's nicht, ja, nicht einmal für ein verchromtes. Chrom und Aluminium sind zwar keine Edelmetalle, aber sie zählen zu jenen Metallen, die in Gegenwart von Sauerstoff besonders reaktionsfreudig sind. Auf ihrer Oberfläche bildet sich im Nu eine Oxidschicht. »Diese Schicht ist sehr stabil«, erläutert Michael Rohwerder vom Max-Planck-Institut für Eisenforschung in Düsseldorf. »Die Oxidschicht dichtet das Metall ab und schützt es vor dem Zerfall.« Eisen mit einem mindestens zwölfprozentigen Chromanteil wird daher als rostfreier Stahl teuer gehandelt.

Oxidationen können eine Oberfläche schützen – oder auch nicht. Auf Eisen selbst bildet sich keine widerstandsfähige Oxidschicht. Das als Werkstoff am häufigsten verwendete Metall reagiert zwar auch mit Sauerstoff, aber aufgrund der Anordnung der Elektronen um die Eisenatome blühen auf seiner Oberfläche sehr poröse und sehr lebendige Sauerstoffverbindungen: der Rost. Er verändert sich bei wechselnder Witterung rasch. Luftfeuchtigkeit, Salze oder schweflige Gase setzen elektrochemische Reaktionen in Gang, die die Oxidation vorantreiben. Sie dringen durch die Poren in immer tiefere Metallschichten vor, die nun ebenfalls der Korrosion zum Opfer fallen. Während sich die Oberfläche sukzessive auflöst, setzt sich der Fraß fort, bis schließlich das ganze Metall durchgerostet ist.

Nur in einer sehr trockenen Umgebung entsteht auch auf herkömmlichem Eisen eine halbwegs kompakte Oxidschicht. So ist etwa die sieben Meter hohe monumentale Eisensäule bei Delhi aus dem 4. Jahrhundert immer noch nicht weggerostet.

Warum bekommt man eine Schnapsnase? Erst mal Prost! Jetzt ist das Jahr bald um, Sie haben es wieder mal geschafft. Der Champagner sei Ihnen gegönnt, zumindest ein, zwei Gläschen. Davon bekommen Sie noch keine rote Nase. Oder vielleicht doch?

Das kommt auf Ihre Veranlagung an. Die Haut mancher Menschen reagiert sehr stark auf Alkohol. Und nicht nur auf ihn. Auch scharfe Gerichte oder eine starke psychische Belastung treiben ihnen die Röte ins Gesicht. Es reicht mitunter, daß sie im Mittelpunkt stehen, und schon werden sie rot. Das Blut verursacht diese Glut. Unser Herz pumpt sauerstoffreiches Blut durch die Arterien in den Körper, durch die Venen fließt es zum Herzen zurück. Im Strom des Blutes dehnen sich die elastischen Wände der Blutgefäße bis in die kleinsten Verästelungen hinein. Unser Adersystem ist aber derart weit verzweigt, daß allein der Druck, der vom Herzen ausgeht, den Blutkreislauf nicht gewährleisten kann. Die Blutgefäße selbst haben ebenfalls kleine Muskeln. Diese spannen sich an und verengen den Kanal, oder sie lockern sich und weiten das Gefäß. Auf diese Weise regulieren sie den Blutfluß mit.

»Alkohol erweitert die Gefäße«, sagt Christoph Geilen, Leiter der Poliklinik für Dermatologie der Berliner Charité. »Dann fließt mehr Blut durch die Haut, und das Gesicht rötet sich.«

Nach ein paar kurzen Schnäpsen oder einigen Gläsern Wein wird jeder von uns rot im Gesicht. Doch bei manchen Menschen fällt die Reaktion wesentlich heftiger aus. Mit zunehmendem Alter kann diese verstärkte Durchblutung dazu führen, daß sich die Gefäße dauerhaft weiten. Die Äderchen leiern aus und bilden ein Geflecht feiner Linien im Gesicht. Dies kann bereits ein deutliches Zeichen einer fortschreitenden Hautkrankheit sein, der »Rosacea«, was soviel heißt wie »Rosenblütchen«.

Wie die Krankheit entsteht, ist bis heute nicht im einzelnen geklärt. Aber wenn im Volksmund von der »Schnapsnase« die Rede ist, ist das oft gar keine Folge des Alkohols, sondern eine besondere Ausprägung der Rosacea, von der speziell die Nase betroffen ist. Die damit verbundenen Veränderungen können auch ohne Alkoholgenuß auftreten. Die Symptome reichen von Entzündungen und Verdickungen der Haut bis hin zur roten Knollennase.

Warum haften Winterreifen bei Kälte besser? Die Kontaktfläche eines Autos mit der Fahrbahn ist nicht sonderlich groß: vier Postkarten. Wenn es dann auch noch glatt ist und rutschig, muß diese kleine Fläche beim Bremsen und in jeder Kurve optimal ausgenutzt werden, damit das Auto die Bodenhaftung nicht verliert. Kein Wunder, daß viele Autofahrer Eis und Schnee fürchten.

Winterreifen haben schon bei kaltem, trockenem Wetter deutliche Vorzüge. Sie sind aus weicherem Gummi gemacht. Dieser enthält viele Weichmacher wie zum Beispiel Öle; die Reifenhersteller verwenden dafür aber auch eine andere Mischung aus Naturkautschuk und Synthesekautschuk. Der Gummi soll bei tiefen Temperaturen nicht hart und unflexibel werden, damit er sich weiterhin gut an die Fahrbahn anpassen kann, besser jedenfalls als der bei Kälte weniger elastische Sommerreifen. Die Kontaktfläche eines Winterreifens ist dadurch schlicht größer.

Sommerreifen weisen zudem oft ein bandförmiges Profil ohne viele Einschnitte auf, das der Winterreifen ist klotzartig und hat feine Lamellen. »Winterreifen krallen sich damit richtig in den Schnee rein«, sagt Stefan Heine, Ingenieur und Entwicklungsleiter bei der Firma Continental in Hannover. Ihre Lamellen verlaufen in Quer- und in Längsrichtung, verkürzen bei Schnee und Eisglätte den Bremsweg und verbessern die Stabilität beim Kurvenfahren. Schleuderunfälle lassen sich so womöglich vermeiden. »Auf nassem Eis können die Lamellenkanten den Flüssigkeitsfilm ähnlich wie ein Scheibenwischer verdrängen.« Mit den Jahren wird das Profil allerdings abradiert. Sommerreifen sowie Winterreifen dürfen gefahren werden, solange das Restprofil noch mindestens 1,6 Millimeter hoch ist. Doch schon bei weniger als vier Millimetern verliert der Winterreifen allmählich seine guten Wintereigenschaften, Klötze und Lamellen werden zunehmend steifer. In Österreich sind daher vier Millimeter Restprofil als Mindestmarke für Winterreifen gesetzlich vorgeschrieben. In den tiefen Rillen eines solchen Reifens kann sich kurzzeitig immer wieder Schnee festsetzen – was nicht unbedingt unerwünscht ist. Schnee pappt gerne zusammen, wie jedermann vom Schneeballwerfen und Schneemannbauen weiß. Ähnlich haftet der Schnee des Reifens auf einer verschneiten Fahrbahn. Auch eine Möglichkeit, Kontakt zu halten.

Warum haben wir Milchzähne? Den obligatorischen Zahnarztbesuch schiebe ich jedes Jahr lange auf. Manchmal warte ich damit bis zur letzten Dezemberwoche. Erst wenn ich mir die Zähne an Weihnachtsleckereien wie Nüssen, gebrannten Mandeln oder gut karamelisierten Florentinern beinahe ausgebissen habe, begebe ich mich zerknirscht zur nächsten Praxis. Um Karies oder Zahnersatz bräuchte ich mir viel weniger Sorgen zu machen, wenn ich mich entwicklungsgeschichtlich nicht so weit von den Fischen und Reptilien entfernt hätte. Dem Hai zum Beispiel wachsen ausgefallene Zähne sofort nach – egal, ob es sich dabei um zweite, dritte oder vierte Zähne handelt.

Der furchterregende Haifischzahn ist der Urzahn schlechthin. Die ersten Fische hatten noch keine Zähne und sammelten im Wasser schwimmende Kleinstlebewesen auf. Das änderte sich vor einigen 100 Millionen Jahren, als urzeitlichen Haien und Rochen die Schuppen der Außenhaut in den Mundraum hineinwuchsen. Aus diesen Schuppen entstanden die ersten Zähne, und als die Lebewesen das Festland eroberten, brachten sie diese Errungenschaft mit. Der Hai mag uns als finsterer Geselle erscheinen, den Aufbau unserer Zähne aber haben wir von ihm geerbt. Zähne sind keine Knochen. Stattdessen bildet sich aus eingesenkter Haut zunächst eine Zahnknospe und später ein kleines Glöckchen. Letzteres verharrt viele Jahre in einer Warteposition, ehe es als fertiger Zahn mit hartem Schmelz hervorkommt.

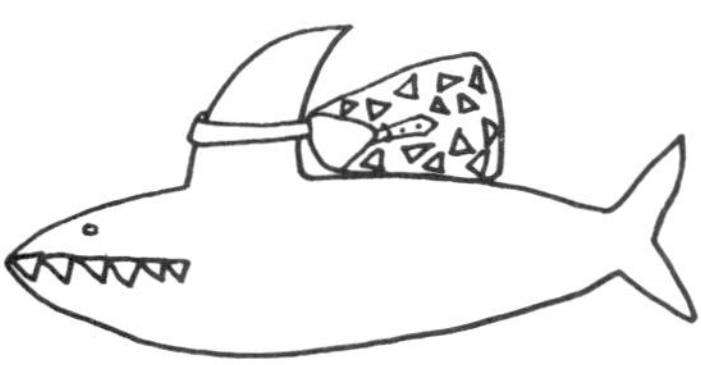

»Die Zähne der Säugetiere sind allerdings viel raffinierter als die der Reptilien oder Fische«, berichtet Wighart von Koenigswald, Paläontologe an der Universität Bonn. »Reptilien können mit ihrem Gebiß einfach nur zuschnappen.« Säugetiere dagegen können abbeißen und – je nach Ernährungsgewohnheiten – nagen, knabbern und mahlen.

So verfügt die Katze mit ihren großen Backenzähnen über eine scharfe Fleischschneideschere. Pferde haben, wenn die Höcker ihrer Zähne einmal abgeschliffen sind, eine Kaufläche mit langen Kanten, die es ihnen erlaubt, Gras zu zerreiben. Es wäre zu aufwendig, derart spezialisierte Zähne im Laufe eines Lebens mehrfach zu ersetzen. Sie müssen dauerhaft halten. Deshalb reihen sich die Schneide-, Eck- und Mahlzähne erst in unseren Kauapparat ein, wenn der Kiefer ausgewachsen ist und sie von Beginn an richtig eingeschliffen werden können.

Um aber in den ersten Lebensjahren nicht völlig zahnlos dazustehen, haben alle Säugetiere zunächst Milchzähne: kleinere, zartere und meist nicht ganz so zahlreiche Beißerchen. Beim Menschen sind es 20 Milchzähne, die später durch 32 Dauerzähne ersetzt werden. Sie müssen dem Kind genügen, um Äpfel, Fleisch oder Nüsse kleinzukriegen.

Warum dreht sich die Weihnachtspyramide? Wie gleichmäßig die Engelchen kreisen! Sie drehen sich um die Krippe mit dem Jesuskind, hinter ihnen her ein Dutzend Schäfchen, ein Hund, ein Ochse und was sonst noch so zu Bethlehems Bauernreigen zählt. Über den Englein, mit der Achse der Weihnachtspyramide verbunden, rotiert ein großer Holzpropeller. Er bringt das ganze weihnachtliche Karussell aus dem Erzgebirge auf Touren.

Die Weihnachtspyramide macht ihren eigenen Wind. In der Hitze der Kerzenflammen gewinnen die Luftmoleküle an Fahrt. Je höher die Temperatur ist, um so schneller werden sie, um so mehr Bewegungsfreiheit verschaffen sie sich.

Die Luft dehnt sich aus. »Über der Kerze breitet sich die erwärmte Luft primär nach oben aus«, erklärt Christian Ucke, Physiker an der Technischen Universität München. Deshalb ist auch die Flamme selbst nach oben gerichtet. Die aufsteigenden Luftmoleküle strömen gegen die schräggestellten Räder des Holzpropellers und versetzen ihn in Schwung. »In der Geschwindigkeit dieser Luftmoleküle steckt die Energie, die das Flügelrad zum Drehen bringt.«

Die Weihnachtspyramide dreht sich am schnellsten, wenn die einzelnen Blätter eine Neigung von 45 Grad haben. Dann übertragen die ankommenden Luftmoleküle den größtmöglichen Impuls auf die Flügel. Stehen die Blätter zu steil, streift zuviel Luft daran vorbei, liegen sie ganz flach, drückt sie der Wind eher nach oben, als sie vorwärtszutreiben.

Wenn ich mir die Weihnachtspyramide eine Zeitlang angeschaut habe, komme ich manchmal auf krumme Gedanken. Die Form der Flügel zum Beispiel ist nicht das Nonplusultra. Außen, am Rand, legt der sich drehende Flügel pro Sekunde eine längere Wegstrecke zurück als innen, an der Nabe. Infolge dieser verschiedenen Geschwindigkeiten greift auch der Luftstrom unterschiedlich am Flügel an. Um diese Differenz zwischen Innen und Außen auszugleichen, sind Windräder, aber auch Flugzeugpropeller in sich verdreht.

Vielleicht könnte man auch den flachen Holzbrettchen der Weihnachtspyramide eine günstigere Form geben und sie dabei gleich ein bißchen leichter machen: Statt eines Holzpropellers wären ganz dünne, biegsame Flügel aus Metall angesagt. Um die Pyramide noch flotter zu machen, könnte man dann womöglich auch dickere Kerzen nehmen. Und die Engelchen? Die haben mit ihren ausgebreiteten Flügeln noch einen viel zu großen Luftwiderstand. Ob man sie wohl ein bißchen stutzen darf?

Warum ist die Kerzenflamme undurchsichtig? Der Baum brennt! Dieses Schreckensszenario nimmt vielen Menschen zur Weihnachtszeit die Lust auf echte Kerzen. Sie hängen lieber eine Lichterkette aus kleinen Glühbirnen an den Weihnachtsbaum, das ist weniger brenzlig. Kerzen dagegen blenden, der scharfe Rand ihrer Flamme täuscht. Jeder, der sich schon einmal über einer Kerzenflamme die Finger verbrannt oder die Haare angesengt hat, weiß, daß die Hitze sehr hoch hinaufreicht, manchmal bis zum nächsten Tannenzweig.

Das leuchtende Feuer ist nämlich nur ein Teil der Flamme. Es ist jener Bereich, in dem die in ihre Bruchstücke zerlegten Wachsmoleküle aufsteigen und als brennbares Gas heftig mit dem Sauerstoff aus der umgebenden Luft reagieren. Rußpartikel und Kohlenstoff beginnen gelb zu glühen, und es wird mit Temperaturen von mehr als 1000 Grad Celsius so heiß, daß einzelnen Gasatomen sogar ihre Bausteine verlorengehen: Die Hitze entreißt den Atomen ihre Elektronen. Das Gas ist dann ein Gemisch aus negativ geladenen Elektronen und den zurückgebliebenen positiv geladenen Atomrümpfen: ein undurchsichtiges Plasma. Da die vielen Atomrümpfe ein großes Bestreben haben, ihre entwichenen oder auf der Flucht befindlichen Partner wieder einzufangen, kommt es in dem Plasma ständig zu Wiedervereinigungen.

»In der Kerze passiert das in jeder Sekunde viele Billionen Mal«, sagt Andreas Wieck, Festkörperphysiker an der Ruhr-Universität Bochum. Jedes solches Bündnis wird mit einem kleinen Blitz gefeiert: der Geburt eines neuen Lichtteilchens, das das Gas aufleuchten läßt und so dazu beiträgt, daß die Kerze zu dem wird, was sie in erster Linie sein soll: eine Lichtquelle.

In der Flamme strömt das heiße verbrannte Gas weiter nach oben. Aber die aufsteigenden, vormals leuchtenden Ruß- und Kohlenstoffteilchen sind nun verbraucht, das Plasma erlischt. Es werden keine Lichtteilchen mehr geboren, und daher gibt es hoch über der Kerze auch keine sichtbaren Warnsignale mehr. Das Gas ist hier wieder transparent – aber immer noch ziemlich heiß. Gerade deshalb ist besondere Vorsicht im Umgang mit Weihnachtsbaumkerzen geboten.

Warum wird Glas in der Spülmaschine trüb? Das ganze Jahr über stehen sie in der Vitrine. Zu den Festtagen jedoch kommen die alten Kristallgläser auf den Tisch – um später in der Spülmaschine zu landen, die dem Kristall sichtlich zusetzt. Schon nach ein paar Spülgängen kann es hier und da recht trüb aussehen: Das Glas wird blind.

Früher brauchte man das nicht zu befürchten. Als das Reinigungsmittel für den Geschirrspüler noch mit einem Totenkopf bedruckt war, da ging's in der Maschine richtig zur Sache. Bei Temperaturen von 65 Grad Celsius entfernte das stark ätzende Spülmittel nicht nur Schmutz und Fett von den Töpfen. »Auch

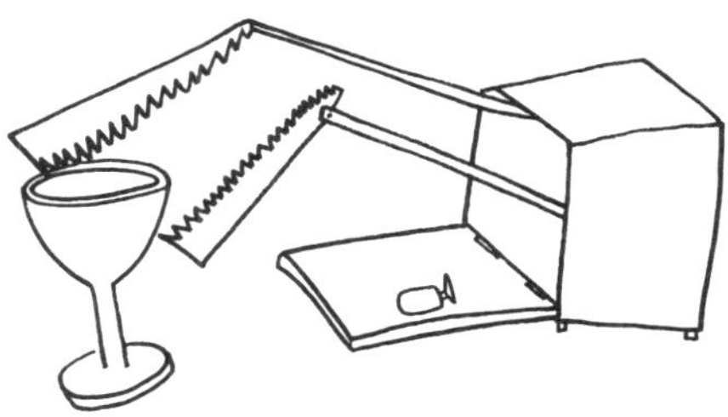

das Glas löste sich so gut in der Lauge auf wie ein Hustenbonbon, an dem gelutscht wird«, weiß Reinhard Conradt, Glasexperte der Rheinisch-Westfälischen Technischen Hochschule in Aachen. Bei jeder Wäsche ging eine hauchdünne Schicht der Glasoberfläche verloren. Weniger als ein Hunderttausendstel Millimeter zwar, aber genug, um das Glas nach dem Spülen wieder jung und frisch erscheinen zu lassen.

Die nächste Generation der Reiniger war nicht mehr ganz so alkalisch. Das kam Umwelt und Gesundheit zugute – nur der Schönheit einiger Gläser nicht. Die neuen Spülmittel lösten weniger Glas auf, vor allem aber war die Korrosion nun sichtlich ungleichmäßig über die Oberfläche verteilt. Deren Struktur veränderte sich, das Glas wurde an einigen Stellen matt. Und das war nicht mehr rückgängig zu machen – anders etwa als die auch auf anderen Gläsern sichtbaren Kalkflecken, die sich ohne weiteres wieder abwaschen lassen. Heute versuchen Spülmittelhersteller, die ungleichmäßige Korrosion mit allerlei chemischen Tricks auszugleichen. Wie glänzend oder trüb die Aussichten im Einzelfall sind, hängt vom Reiniger, der Wasserhärte und der Zusammensetzung des Glases ab. Das billige Senfglas ist in der Regel weniger empfindlich als das gute alte Bleikristall, es gibt aber inzwischen auch auf Spülmaschinenresistenz getrimmte Gläser.

Wer mit dem schönen Kristallglas aus dem Wandschrank kein Risiko eingehen möchte, der sollte es auch heute nicht in den Geschirrspüler stecken, sondern mit der Hand abwaschen. Handspülmittel sind vergleichsweise sanft, manche sogar pH-neutral, die Temperaturen beim Spülen in der Schüssel niedrig. Unter solchen Bedingungen löst sich kein Glas auf.

Warum funkeln so viele Sterne am Himmel? In einer klaren Winternacht sehen wir mit bloßem Auge ein paar tausend Sterne am Himmel. Ein guter Feldstecher eröffnet uns bereits den Blick auf mehr als eine Million Sonnen. Tatsächlich aber leuchten allein in unserer Galaxis, der Milchstraße, 100 Milliarden Sterne. »Das ist gar nicht viel«, sagt Ralf Klessen vom Astrophysikalischen Institut Potsdam. »Unsere Milchstraße ist fast leer.« Denn sie ist riesig.

Ersetzen wir für einen Moment die 100 Milliarden Sterne durch 100 Milliarden sehr feine Sandkörner. Das ist genügend Sand, um eine Umzugskiste bis zum Rand zu füllen. Nun verteilen wir diese winzigen Sandkörnchen in einem Raum, der von der Erde bis zum Mond reicht: mal hier eins, mal da eins. Der Raum bleibt fast leer – so leer wie die Milchstraße mit ihren weitverstreuten Sternen.

Immerhin: Die Sterne leuchten. Und sie sind beträchtlich größer als Sandkörner, weshalb wir uns vielleicht doch berechtigterweise darüber wundern, daß es so viele sind. Die Sterne entstehen aus Gas und Staub, die ebenfalls weit über die Galaxis verteilt sind. Das Gas kann sich hier und da zu Wolken verdichten. Es wird zum Beispiel durch die Druckwellen von Sternexplosionen zusammengepreßt. Ist die Dichte des Gases erst hoch genug, fällt die Wolke unter ihrer eigenen Schwerkraft in sich zusammen: Ein Stern wird geboren, meist sogar gleich mehrere auf einmal. Derzeit kommt Jahr für Jahr etwa ein neuer Stern in der Milchstraße hinzu, aber es gibt auch geburtenstarke kosmische Zeitalter. Besonders dann, wenn sich die Milchstraße einmal wieder eine größere Nachbargalaxie einverleibt, was sie in ihrer Jugend des öfteren getan hat. Auch bei solchen Galaxienkollisionen werden Gas und Staub zusammengepreßt und neue Wolken gebildet.

Die Milchstraße ist keine isolierte Welteninsel. Während ihre älteren Sterne nach und nach verglühen und ihre Hüllen abstoßen, wird sie weiterhin mit der einen oder anderen Galaxie verschmelzen: etwa mit den beiden Magellanschen Wolken und der Andromedagalaxie, die in ziemlich flottem Tempo auf uns zurast. Auch fortan werden daher neue Lichter am Nachthimmel aufgehen.

Warum zeigt uns der Mond immer dieselbe Seite?

Am Ende des Jahres wird abgerechnet. Dann gilt es zu prüfen, ob unsere Uhren noch richtig ticken. Zwar sind Atomuhren sehr präzise. Die Erde aber nimmt es mit ihren Umdrehungen nicht ganz so genau. Sie rotiert nicht gleichmäßig um ihre Achse. Um dies auszugleichen, mußten seit 1958 bereits mehr als 30 Schaltsekunden eingefügt werden. Blickt man noch weiter zurück, so summieren sich die Schaltsekunden zu vielen Stunden. Seit der Entstehung unseres Planeten hat die Erdrotation erheblich an Schwung verloren. Die Anziehungskraft des Mondes hat unseren Planeten nach und nach gebremst.

Die Schwerkraft des Mondes führt Ebbe und Flut herbei, und diese Gezeitenberge liegen wie Bremsbacken auf der sich windenden Erdkugel. Der Tag wurde dadurch lang und länger, Sekunde um Sekunde. Heute währt er 24 Stunden. In Zukunft aber werden sich die Tage noch viel weiter dehnen.

Diese Verzögerung, die sich auf der Erde noch fortsetzt, ist auf dem kleineren Mond längst abgeschlossen. Ihn haben die Gezeitenkräfte der Erde gedrosselt, sie haben sein Gestein durchgewalkt und verformt. Die Umdrehung des Mondes wurde mit den Jahrmillionen immer gemächlicher, so lange, bis der Mond der Schwerkraft der viel größeren Erde erlegen war. Inzwischen wendet er der Erde immer die gleiche Seite zu. Wir sehen stets dasselbe Mondgesicht.

Allerdings hat sich die Bewegung des Mondes nicht völlig an die der Erde angeglichen. »Der Mond bewegt sich nicht auf einer Kreisbahn, sondern auf einer Ellipse um die Erde«, erklärt Rudolf Kippenhahn, ehemaliger Direktor des Max-Planck-Instituts für Astrophysik in Garching. Er pendelt ein wenig vor der Erde hin und her. »Daher können wir zu beiden Seiten ein kleines bißchen über seine Ohren hinausschauen: vierzehn Tage über das linke Ohr hinaus und vierzehn Tage über das rechte.«

Auch die Erdrotation wird sich dem Mond mit der Zeit noch stärker anpassen. Wir werden unserem Jahr – dessen Dauer sich allerdings auch aus anderen Gründen verändert – Sekunde um Sekunde hinzufügen müssen. Eines Tages wird auch unser Planet dem Mond immer dieselbe Seite zeigen. »Dann wird ein Tag genau einen Monat lang sein«, sagt Kippenhahn. »Aber diese Angleichung geschieht sehr, sehr langsam.«

Der Mond wird dann nicht mehr auf- und nicht mehr untergehen. Für einen Erdenbewohner wäre er immer an derselben Stelle am Himmel zu sehen.

Warum ist das Feuerwerk malerisch? Man kann sein Geld richtig schön verpulvern. Es gibt herrliche Bomben! Kugelbomben, Blinker- und Fallschirmbomben malen nach einem kurzen Rums Palmen, Chrysanthemen und goldene Tränen ans Firmament und verwandeln den Nachthimmel in eine Bühne. Solche Bomben kommen fast ausschließlich bei Großfeuerwerken zum Einsatz. Sie werden mit einem kräftigen Schuß aus einem Rohr in die Luft gejagt – anders als die an Silvester allenthalben käuflichen Feuerwerksraketen. Letztere treibt das bei der Verbrennung von Schwarzpulver entstehende Gas auch während des Aufstiegs nach oben: Das Gas dehnt sich aus, kann aber nur durch eine Düse am unteren Ende der Rakete entweichen. Je mehr Gas ausströmt und je schneller dies geschieht, desto größer ist der Schub.

Die Bombe dagegen fliegt nach dem Abschuß träge weiter. Während sie aufsteigt, brennt in ihrem Innern bereits ein Verzögerungsanzünder. Nach wenigen Sekunden, wenn sie den höchsten Punkt ihrer Flugbahn erreicht hat, dringt die Flamme in ihr Herz vor und entzündet das darin enthaltene Schwarzpulver. Das ist ein Gemisch aus Schwefel und Kohlenstoff und daher leicht entflammbar. Außerdem enthält es viel Sauerstoff in Form von Kalisalpeter, damit es auch unabhängig vom Luftsauerstoff schnell verbrennen kann. Blitzartig verwandelt es sich in ein heißes Gas. »Dieses Gas dehnt sich aus und reißt die Hülle der Bombe unter hohem Druck auseinander«, berichtet Lutz Kurth, Leiter des Pyrotechnik-Labors der Bundesanstalt für Materialforschung in Berlin.

Die Bombe ist mit Pulverkörnern gefüllt, die nach vielfältigen Rezepten und in verschiedenen Formen hergestellt werden. Diese sogenannten Sterne verteilen sich über den Himmel, leuchten und blinken. Je nach ihrem Gehalt an Bariumsalzen (grün), Kupfersalzen (blau) oder sonstigen Metallzusätzen erzeugen sie unterschiedliche Farben. Sind die Körnchen gar mit mehreren Pulverschichten bestrichen, wechseln sie während des reizvollen Spektakels ihre Farbe.

Meist werden die Sterne kugelsymmetrisch um eine Zerlegerladung herum angeordnet. In einer handgefertigten japanischen Kugelbombe befindet sich das Schwarzpulver aber nicht nur im Zentrum. Gleichzeitig zündet die Zerlegerladung auch in weiter außen liegenden Kugelschalen. Dadurch breiten sich die Sterne am Nachhimmel auf immer größeren werdenden Sphären aus und kreieren wundervolle Bilder.

Warum haben wir einen Kater? Wenn am Morgen der Blutfluß im Fuße sinkt und die Temperatur im Gehirn steigt, wenn die Bewegungen der Augenlider rascher werden und sich das Bewußtsein breitmacht: »Ich bin wieder da!«, dann gilt es, das Los unserer Gattung zu tragen und den Kopf wieder an die höchste Stelle des Körpers zu bringen. Allein: Wo ist oben? Oh, dieser Brummschädel! Beim Aufstehen packt uns der Schwindel, sackt nicht nur der sonst übliche halbe Liter Blut in die Beine, sondern anscheinend noch eine Menge Alkohol dazu.

Wo kommt bloß dieser Kater her?

Das neue Jahr beginnt für manch einen mit einer uralten Frage, auf die Plinius der Ältere vor 2000 Jahren völlig erschöpfend geantwortet hätte: Im Wein liegt die Wahrheit. Heute liegt sie im Acetaldehyd. »Das ist die Hauptursache für die Katerphänomene«, weiß Wilhelm Flitsch, Emeritus des Organisch-Chemischen Instituts der Universität Münster. Denn dieses Gift stört die Funktion vieler Eiweißstoffe in unserem Körper und ruft dadurch Übelkeit, Kopfschmerzen und Erbrechen hervor.

Alkohol wird vor allem in der Leber abgebaut. Dabei entsteht als Zwischenprodukt der eigentliche Übeltäter: Acetaldehyd. Bei Japanern hält sich der Giftstoff besonders hartnäkkig im Körper. Vielen Japanern fehlt nämlich ein wirksames Gegenmittel, die Aldehyd-Dehydrogenase, um Acetaldehyd unschädlich zu machen und in Essigsäure zu verwandeln. Japaner haben daher schon nach geringem Alkoholkonsum unter einem äußerst heftigen Kater zu leiden.

Flitsch empfiehlt, bei einem Kater süß zu frühstücken. »Marmelade ist besser als Rollmops«, sagt er. Denn Alkohol senkt den Blutzuckerspiegel, der üblicherweise von der Leber konstant gehalten wird. Dem Körper fehlen Energiereserven,

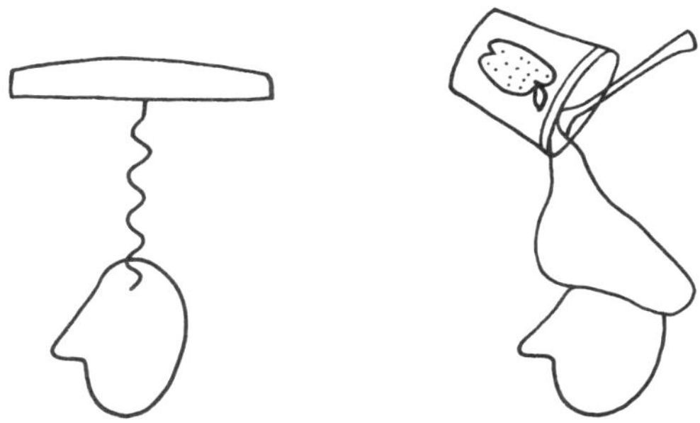

man fühlt sich gereizt und schwach. Ein bißchen Marmelade helfe einem schneller wieder auf die Beine.

Auch der Flüssigkeitsbedarf steigt unter Alkoholeinfluß. Alkohol hemmt die Bildung des Hormons Vasopressin, das unseren Wasserhaushalt reguliert. Infolgedessen scheidet man mehr Urin aus, der Elektrolythaushalt gerät durcheinander, was den Katzenjammer noch verstärkt. Zwischen Sekt, Wein oder Bier sollte man daher des öfteren ein Gläschen Wasser trinken. Noch besser ist es allerdings, den Kater erst gar nicht zu provozieren.

Warum sind wir abends kleiner als morgens? In jungen Jahren macht die Sache mit dem Buch auf dem Kopf und der Markierung an der Wand noch Spaß. Man wächst und verfolgt mit jedem neuen Jahr aufgeregt, wie die Bleistiftstriche höher und höher wandern. Spätestens mit 25 ist dieser Höhenflug jedoch beendet. Und irgendwann in den Dreißigern beginnt der Mensch zu schrumpfen, Jahr für Jahr.

Er kann sich nun allenfalls noch darüber freuen, daß ihn die Markierung an der Wand nicht ständig darauf hinweist. Denn dazu sind die jährlichen Veränderungen doch zu gering und die herkömmlichen Methoden zur Messung der Körpergröße zu ungenau: Mal stimmt der Winkel beim Auflegen des Buches nicht, dann sacken wir wegen schlechter Laune zusammen, vor allem aber ändert sich unsere Körpergröße im Laufe des Tages: Abends sind wir zwei bis drei Zentimeter kleiner als morgens.

Die Last des Tages drückt schwer – auf die Bandscheiben. Die kleinen Puffer liegen zwischen den Wirbelknochen, haben einen knorpeligen Mantel, einen gallertartigen Kern und besitzen keine Blutgefäße. Sie ernähren sich über die Aufnahme und Abgabe von Flüssigkeit aus dem benachbarten Wirbel. »Tagsüber tragen die Bandscheiben das Gewicht des Oberkörpers«, sagt Mario Brock, Leiter der Klinik für Neurochirurgie der Berliner Charité. »Sie werden ausgepreßt.« Selbst wenn jede der gut 30 Bandscheiben dadurch bloß einen Millimeter kleiner werde, summiere sich dies auf einige Zentimeter.

Nachts nehmen die entlasteten Bandscheiben wieder genug Flüssigkeit auf, um uns erneut auf die Höhe der Zeit zu bringen. Aber ihr Stoffwechsel ist träge. Erst im Verlauf von mehreren Wochen Schwerelosigkeit können die Bandscheiben so richtig aufquellen. Kein Wunder also, daß Astronauten nach ihrer Rückkehr aus dem Weltraum um stolze sechs Zentimeter gewachsen sind.

Doch kein Raumflug kann uns davor schützen, daß die Bandscheiben mit zunehmendem Alter langsam, aber sicher austrocknen. Nach und nach sacken wir zusammen wie eine Ziehharmonika, aus der die Luft entweicht. Wir werden kleiner, womöglich noch krumm dazu und legen das Buch nur noch unseren Enkeln auf den Kopf.

Warum glühen die Ohren nach dem Winterspaziergang? Wer keine Mütze trägt, dem kneift der Frost beim Winterspaziergang zuerst in die Ohren. Sie reagieren besonders empfindlich auf eisige Temperaturen und frieren rasch: aus Mangel an wärmendem Blut.

Unser Organismus schützt sich davor, daß zuviel Blut an die Peripherie gelangt und auskühlt. »Bei Kälte werden die Blutgefäße enggestellt«, erläutert Manfred Gross, Direktor der Klinik für Audiologie und Phoniatrie der Charité in Berlin. Der Körper konzentriert sich dann darauf, die lebenswichtigen inneren Organe warmzuhalten, während die Hände und die Füße, aber auch die Ohren ins Hintertreffen geraten. Die Nase ist ein bißchen besser dran. Sie mag ähnlich exponiert sein wie die Ohren, aber sie friert nicht so schnell, denn sie arbeitet wie ein kleiner Heizkörper, der die Atemluft erwärmt und zugleich anfeuchtet: Die Nasenmuscheln sind die Heizkörperrippen und werden als solche weiterhin vom warmen Blut durchströmt. Zu ihnen führt ein weitverzweigtes Geflecht aus kleineren und größeren Blutgefäßen.

Der Ohrmuschel fehlt eine derart breite Versorgung. Sie ist nur schlecht durchblutet. Unter ihrer Haut liegt Knorpel, der nicht über Blutgefäße, sondern über eine aufliegende Gewebsschicht mit Nährstoffen beliefert wird.

Die Kälte packt uns aber auch aus anderen Gründen zuerst bei den Ohren. Die Ohrmuschel soll den Schall wie ein Trichter auffangen. Sie ist daher sehr groß und in sich gefaltet. Über ihre große Oberfläche gibt sie viel Wärme ab und kann andererseits, auch im Bedarfsfall, nicht selbst aktiv Wärme erzeugen, da sie fast keine Muskelfasern besitzt. So kommt es, daß die Ohren in der Regel kälter sind als der Rest des Körpers. Wer sich die Finger verbrennt, greift dementsprechend mitunter reflexartig ans Ohr, um sie ein bißchen zu kühlen.

Nach dem Winterspaziergang jedoch, wenn man ins Warme zurückgekehrt ist, werden die Ohren plötzlich heiß. Der nicht mehr auf Sparflamme laufende Organismus stellt nun fest, daß ihre Durchblutung viel zu gering ist, und versucht, einen

Ausgleich zu schaffen. Die Blutgefäße weiten sich wieder, die Temperatur steigt an, und die Ohren fangen plötzlich an zu glühen.

Warum ist die Wärme des Kachelofens so behaglich? Im Winter ist der Kopf manchmal wärmer als die Füße. Das liegt an der Heizung. Sie gibt ihre Wärme nicht sofort an unseren Körper ab, sondern zunächst an die Luft, die am Heizkörper vorbeizieht. Beim Aufheizen dehnt sich Luft aus, weil ihre Luftmoleküle schneller werden und sich weiter voneinander entfernen. Ein Kubikmeter warme Luft ist daher weniger dicht und somit leichter als ein Kubikmeter kalte Luft. Während letztere von der Schwerkraft stärker nach unten gezogen wird und sich am Fußboden sammelt, steigt die warme Luft auf. Erst auf ihrem Weg an der Decke entlang kühlt sie langsam ab und fällt an der gegenüberliegenden Wand wieder nach unten. Über den Boden kriecht sie dann als kühlere Luft zum Heizkörper zurück, wo sie erneut aufgewärmt wird und den Kreislauf fortsetzt.

Oben warm, unten kalt – beim Kachelofen hat man damit weniger Probleme. Seine Schamottesteine speichern die bei der Verbrennung von Holz oder Briketts erzeugte Hitze, geben sie an die Oberfläche der Kacheln und schließlich an die Raumluft weiter. Auch der Kachelofen bringt damit die Luft im Raum in Bewegung.

Einen großen Teil der Energie überträgt er allerdings gar nicht an die Luft. Er braucht dieses Medium nicht zum Austausch der Wärme. Er sendet sie statt dessen, sobald er richtig heiß ist, geradewegs als Wärmestrahlen aus – ähnlich wie die heiße Sonne Licht und Wärmestrahlen verbreitet. Diese Strahlen erreichen alle Gegenstände und damit auch uns Menschen direkt, mit Lichtgeschwindigkeit, und wandeln sich in unserem Körper in Wärme um. So heizen sie den ganzen Raum gleichmäßig auf, über viele Stunden hinweg. »Ein Kachelofen kann daher bei einer Lufttemperatur von 20 Grad so behaglich sein wie die normale Heizung bei 22 Grad«, weiß Klaus Sedlbauer, Institutsleiter des Fraunhofer-Instituts für Bauphysik in Holzkirchen.

Die Physik allein reicht freilich nicht aus, die wohlige Kachelofen-Atmosphäre zu erklären. Wer aus der Kälte ins Haus zurückkommt, muß zwar neben dem Holz noch gehörig Zeit mitbringen, bis er es richtig warm hat. Aber bereits das erste Knacken und Knistern des Feuers schafft eine gemütliche Stimmung.

Warum gibt es eine tiefste Temperatur? Minus 196 Grad Celsius. Das ist ziemlich kalt, so kalt, daß selbst der in der Luft reichlich vorhandene Sauerstoff flüssig wird. Bei dieser Temperatur läßt sich die Luft in Flaschen abfüllen, aus denen man die Kälte literweise abzapfen kann, um Impfstoffe oder Blut schnell zu gefrieren und sicher zu konservieren.

Manche brauchen's allerdings noch kälter. In einer Stadt wie Berlin etwa herrscht eine rege Nachfrage nach minus 269 Grad Celsius, der Temperatur, bei der Helium flüssig wird. Einige 100000 Liter davon kursieren jedes Jahr in Deutschlands Hauptstadt, Kliniken kühlen damit zum Beispiel ihre Laborgeräte. Minus 269 Grad Celsius – das ist nur noch vier Grad vom absoluten Kältepunkt entfernt. Um ihn zu erreichen, müßte man die Partikel völlig ruhigstellen. Denn eine Substanz ist um so kälter, je langsamer die Atome und Moleküle darin sind. Wenn diese keinerlei ungeordnete Bewegungen mehr vollführen, sinkt die Temperatur auf den tiefsten Punkt: null Grad Kelvin oder minus 273,15 Grad Celsius. Noch kälter kann es nicht werden.

Bei Zimmertemperatur fliegen Luftmoleküle mit der Geschwindigkeit eines Düsenjets durch die Gegend und prasseln auf unseren Körper. Auch in einem Eisblock machen die Partikel nicht völlig schlapp, sondern schwingen nach wie vor kräftig hin und her. Sie haben noch viel Wärmeenergie gespeichert, und die versuchen Forscher ihnen zu rauben, um extrem tiefe

Temperaturen zu erzeugen. Besser als mit einem dichten Eisblock gelingt ihnen das mit sehr dünnen Gasen. »Wenn nur wenige Atome beisammen sind, verklumpen sie nicht so leicht zu Molekülen«, sagt Rudolf Grimm, Experimentalphysiker an der Universität Innsbruck. Das sei deshalb wichtig, weil beim Zusammenschluß von Atomen zu Molekülen Bindungswärme entsteht, die alle Kühlversuche zunichte machen kann. Grimm und seine Kollegen schließen Gase geringer Dichte in Vakuumkammern ein und bremsen die Gasatome mit allerlei Tricks. Zum Beispiel pusten sie die heißesten Atome mit Hilfe von Radiowellen weg, ähnlich wie wir den heißen Dampf über einer Kaffeetasse wegblasen, um den Kaffee zu kühlen und schneller trinken zu können. Die Wissenschaftler haben sich ganz nah an den absoluten Nullpunkt herangepirscht.

Völlig kaltstellen lassen sich Atome aber nicht. Selbst im idealen Labor wäre dies unmöglich. Im tiefsten denkbaren Energiezustand, dem absoluten Kältepunkt, haben die Atome zwar all ihre Wärmeenergie verloren, trotzdem bleiben sie – von Natur aus – immer ein wenig zappelig.

Warum ist Eis rutschig? Lassen Sie sich aufs Glatteis führen? Probieren wir's einmal ganz vorsichtig und geben Ihnen ein Paar Schlittschuhe an die Füße. Sie pressen die Kufen gegen das Eis, unter dem hohen Druck beginnt die Eisoberfläche zu schmelzen, und es entsteht ein dünner Wasserfilm, auf dem die Schlitterpartie beginnen kann. Los geht's und …

Schon ausgerutscht! Der Druck, den Sie kraft ihres Körpergewichts ausüben, reicht nämlich in der Regel nicht aus, um Eis in nennenswerten Mengen zum Schmelzen zu bringen. Zumindest nicht bei wirklich tiefen Temperaturen. Wären Sie darauf angewiesen, kämen Sie auf einer gut gefrorenen Eisbahn kaum vorwärts. Aber Sie können ruhig wieder aufstehen und nun um so leichtfüßiger übers Eis gleiten. Ihre Masse fällt nicht ins Gewicht.

Zunächst einmal wäre vorauszuschicken: Ein hauchdünner Flüssigkeitsfilm liegt bereits auf dem Eis. Der Wasserfilm ist schon da, einfach so. Denn der Übergang vom gefrorenem zum wäßrigen Zustand ist im wahrsten Sinne des Wortes fließend. Bereits oberhalb einer Temperatur von minus 20 Grad Celsius ist das Eis von einer winzigen Wasserschicht benetzt, und je wärmer es ist, desto feuchter ist auch die Oberfläche, desto mehr bewegliche, rutschige Wassermoleküle tummeln sich auf ihr. »Bei minus einem Grad ist die Schmelzschicht schon 50 Atomlagen dick«, weiß Harald Reichert vom Max-Planck-Institut für Metallforschung in Stuttgart. Mit bloßem Auge sei dieser Film nicht wahrnehmbar. Aber man kann die Eisoberfläche, wie der Physiker, mit einer sehr starken Röntgenlampe ausleuchten, um den wenige Millionstel Millimeter dünnen Flüssigkeitsüberzug sichtbar zu machen.

Diese Wasserschicht wird allerdings erst dann sehr viel größer und damit auch glitschiger, wenn wir die Kufen der Schlittschuhe in Bewegung setzen. Durch das Reiben der Kufen über die Oberfläche entsteht Wärme, und diese Reibungswärme ist es vor allem, die das Eis an den Kontaktstellen zum Schmelzen bringt.

Leider macht dies nicht nur die gut präparierte Kufe. Auch der gewöhnliche Schuh wird in kalten Winternächten manchmal überraschend schnell zu einer heißen Sohle.

Warum frieren dem Pinguin die Füße nicht fest? Kaiserpinguine wärmen sich gegenseitig. Sie stehen dicht zusammengedrängt in großen Gruppen, die sich langsam drehen, damit jeder Vogel einmal vor dem kalten antarktischen Wind geschützt ist. Ihr Federkleid reicht weit über die Beine. Unten aber gucken die nackten Füße raus. Barfuß stehen die Pinguine auf Schnee und Eis. Ihre Füße müssen Eisklötze sein, ja, man kann kaum glauben, daß sie nicht sofort festfrieren.

Bei der Vorstellung, barfuß übers Eis laufen zu müssen, läuft es uns kalt den Rücken hinunter. Es genügt ja schon, an einem frostigen Morgen, nur mit dem Schlafanzug bekleidet, vor die Tür zu treten, und sofort schaltet der Temperaturregler in unserem Zwischenhirn auf Wärmeproduktion um: Wir fangen an, mit den Zähnen zu klappern und zu zittern.

Beim Zittern entsteht durch die Muskelarbeit zusätzliche Wärme. Die brauchen wir. Denn wenn's draußen frostig ist, müssen unsere inneren Organe trotzdem die Temperatur von 37 Grad Celsius halten. Es gilt also vor allem, möglichst wenig Wärme zu verlieren. Hände und Füße sowie die Haut, die mit der kalten Luft in Berührung kommt, haben nun das Nachsehen. Sie werden weniger durchblutet, die Arterien verengen sich. Wenn wir schließlich vor Kälte ganz blaß sind, dann deshalb, weil uns nur auf diese Weise warm ums Herz bleibt.

Der Kaiserpinguin gibt wenig Wärme nach außen ab, weil seine Flügel klein sind und er auch insgesamt im Verhältnis zu seiner Körpergröße eine geringe Hautoberfläche hat. Auch er verringert bei Kälte den Blutfluß. Aber das genügt bei minus 40 Grad Celsius nicht. Der Kaiserpinguin muß sich außerdem davor schützen, daß von den Füßen her kaltes Blut auf direktem Wege zu den inneren Organen zurückströmen kann. In seinen Beinen liegen Arterien und Venen so dicht beieinander, daß sie Kälte und Wärme miteinander austauschen. »Das kalte venöse Blut fließt von den Füßen in den Körper zurück und wird dabei aufgewärmt«, erklärt Dieter Adelung vom Institut für Meereskunde der Universität Kiel. Umgekehrt läuft warmes Blut durch die Arterien nach unten und wird von benachbarten Venen gekühlt. Es kommt schon eiskalt an den Füßen an.

Die Füße des Kaiserpinguins sind eisig, ihre Temperatur liegt knapp über dem Gefrierpunkt. Sie sind so kalt, daß das

Eis darunter nicht antaut. Und was nicht taut, kann auch nicht wieder gefrieren. So bleibt der Pinguin beweglich – und springt ins Polarmeer. Eiskalt!

Warum gibt es keine Eisblumen mehr? An kalten Wintertagen trübt sich die Sicht der Dinge. Im Auto werden schon nach kurzer Zeit die Fensterscheiben so feucht, daß man sich nur noch an diffusen Lichtern orientieren kann. Beim Betreten der Kneipe beschlägt die Brille, und wie benebelt bleibt man in der Türschwelle stehen. Später, im Bad, verschwindet dann sogar das eigene Spiegelbild in heißen Dampfschwaden.

Feuchtigkeit kann sich an vielen Stellen niederschlagen. Sie entstammt der Luft und unserem Atem. Kalte Luft ist trokkener als warme. Bei hohen Temperaturen können schnelle, energiereiche Wassermoleküle einer Flüssigkeit oder einem Eiskristall leicht entweichen. Das Wasser verdunstet dann und verdampft, Wassermoleküle schwirren durch die Gegend. Während bei 23 Grad Zimmertemperatur ein Kubikmeter Luft maximal 20 Gramm Wasser aufnehmen kann, ist dies bei 10 Grad Celsius nicht einmal halb soviel. Mit sinkenden Temperaturen haben die entsprechend langsameren Wassermoleküle ihren wechselseitigen Anziehungskräften kaum mehr etwas entgegenzusetzen. Sie verbinden sich miteinander, kondensieren auf kalten Oberflächen zu Wassertröpfchen oder setzen sich als Reif darauf ab.

Früher nahm die Feuchtigkeit im Winter auch die Fensterscheiben unserer Wohnungen gerne in Beschlag. Auf dem Glas blühten zauberische Gewächse: zu Kristallen gefrorene Königsfarne und Mondrauten, Schwimmblätter und Venushaar. Die Eisblumen sind verschwunden, ihre herrlichen Bilder sieht man nur noch hier und da auf den Fensterscheiben einer Datsche oder Skihütte.

Die Wärmeschutzverordnung hat sie zum Schmelzen gebracht. Zwischen minus 10 Grad draußen und plus 20 Grad im

Innenraum lag früher nur eine einzige dünne Glasscheibe. Dieses Einfachglas war dann auch an der Innenseite gut und gerne minus 1 Grad kalt. Ging Ofen oder Heizung am Abend aus, wurde die Scheibe noch kälter. Über Nacht gefroren Wassertröpfchen auf ihr. Sie kristallisierten an kleinen Schmutzpartikeln auf dem Glas, wuchsen dann bevorzugt an Ecken und Kanten weiter, die am schnellsten abkühlten und neue Wassermoleküle an sich banden. Die Kristalle verzweigten sich, und es entstanden Eisblumen, von denen keine der anderen glich.

»Auf einem modernen Doppelfenster wachsen keine Eisblumen mehr«, sagt Werner Wehry, Meteorologe an der Freien Universität Berlin. »Die Außentemperatur erreicht die Innenfenster nicht mehr.« Bei minus 10 Grad Kälte draußen und plus 20 Grad Celsius drinnen ist die Innenoberfläche einer solchen Doppelscheibe über 8 Grad warm. Handelt es sich um Wärmeschutz-Isolierglas, sind es sogar noch gut 5 Grad mehr. Ungünstig für Eiskristalle, aber vorteilhaft für unsere Heizkostenabrechnung.

Warum bläst sich der Airbag im Nu auf? Airbags vorne, Airbags hinten, Airbags seitlich, einer für den Kopf, ein anderer für die Brust, der nächste fürs Knie. Mehr als ein Dutzend Airbags sollen die Insassen eines Luxusautos vor Verletzungen schützen. Kracht es im Winter auf eisglatter Straße, müssen sie sich in Null Komma nichts mit Luft füllen, um den nach vorne fallenden Körper des Fahrers oder Beifahrers zirka fünf Hundertstel Sekunden nach dem Aufprall aufzufangen. Weil alles ganz schnell gehen muß, zünden viele Airbags ähnlich wie ein Feuerwerkskörper mit einem pyrotechnischen Treibsatz. Kurz nach dem schweren Zusammenstoß setzt ein kleiner Glühdraht über eine Zündpaste ein paar Gramm Schwarzpulver in Brand. Durch den entstehenden Druck und die hohe Temperatur fängt daraufhin der eigentliche Treibstoff Feuer: zum Beispiel Natriumazid.

»Natriumazid verbrennt bei relativ niedriger Temperatur und hoher Gasausbeute von ungiftigem Stickstoff«, erläutert Karl-Friedrich Ziegahn, Physiker am Fraunhofer-Institut für Chemische Technologie in Pfinztal-Berghausen. 200 bis 300 Gramm Natriumazid ergeben genug Stickstoffgas, um auf der Fahrerseite innerhalb von wenigen Hundertstel Sekunden einen Luftsack zu füllen, der 70 Liter faßt.

Auf der Beifahrerseite, wo die Armaturentafel weiter entfernt ist, bläht sich das Luftkissen auf ein doppelt so großes Volumen auf.

Das Gas entweicht allerdings genauso schnell wieder, wie es gekommen ist. Es strömt durch Öffnungen im Luftkissen, und schon Bruchteile einer Sekunde nach dem Aufprall hängt der Airbag da wie ein schlaffer, leerer Sack. Der Airbag muß gleich wieder in sich zusammenfallen, um den Aufschlag weich abzufedern. Das genaue Timing ist sehr wichtig, weil der Fahrer sonst mit aller Wucht in den Sitz zurückgeschleudert würde. Nur ein »Big Bang«, ein wirklich schwerer Unfall, soll den Airbag entfesseln. Ein Fehlalarm könnte fatale Folgen haben, der Fahrer könnte zum Beispiel kurzzeitig die Kontrolle über das Auto verlieren. Bevor sich der Airbag aufbläst, muß der Zusammenstoß daher mit geeigneten Sensoren sicher und rasch erfaßt werden.

Das gelingt mit Hilfe von Kristallen, die wegen einer kleinen inneren Asymmetrie besondere Eigenschaften besitzen. Wirkt auf einen solchen Piezokristall infolge einer Kollision eine äußere Kraft ein, so verschieben sich positive und negative Ladungen darin. Schon eine winzige Deformation verursacht auf diese Weise eine elektrische Spannung. Anhand solcher Spannungssignale erkennt ein Rechner binnen weniger Tausendstel Sekunden, ob es sich um einen gefährlichen Crash handelt oder nicht.

Warum kann ein einzelner eine Lawine auslösen? Die meisten Lawinen entstehen am ersten Schönwettertag nach einem kräftigen Schneefall, wenn die Winterlandschaft noch nahezu unberührt ist und man einmal nicht in den Spuren anderer fahren muß. Viele Snowboarder und Skifahrer zieht es dann hinaus auf die Piste in den Tiefschnee. Sie sind sich der Gefahr kaum bewußt, die von der frischen Schneedecke ausgeht.

Der Neuschnee ist nämlich schon gar nicht mehr so jungfräulich, wie er ausschaut. Innerhalb der zurückliegenden Stunden hat er sich bereits still und leise verwandelt. Zunächst durch den Wind, der die frischen Schneekristalle, die Schneesterne, Nadeln und Plättchen, in kleinere Fragmente zerlegt hat. Diese Bruchstücke wachsen nun zu einer festeren Schneedecke zusammen: einem Schneebrett.

»Ein solches Schneebrett ist die typische Skifahrerlawine«, sagt Thomas Wiesinger, Lawinenprognostiker am Eidgenössischen Institut für Schnee- und Lawinenforschung in Davos. »Es kann auf einmal in Bewegung geraten.« Die Lawinengefahr ist besonders hoch, wenn das Schneebrett nicht gut mit dem darunterliegenden Untergrund verbunden ist. So fällt der Neuschnee mitunter auf einen Hang, der bereits von mehreren Reifschichten bedeckt ist – ein eisiger Überzug, der den Berg zur Rutschbahn macht. Das Schneebrett kann auch aus anderen Gründen ins Gleiten kommen. Wenn es zum Beispiel sehr kalt ist, sind auch die Temperaturunterschiede innerhalb der Schneedecke groß. Dementsprechend ist der Schnee an der Oberfläche erheblich kälter als in Bodennähe. Dort unten verdampfen Wassermoleküle, wandern nach oben und frieren an den Kristallen einer kälteren Lage fest. In dieser Schneeschicht entstehen daher sehr große Kristalle, die allerdings auch sehr fragil sind – und dieses Schichtgefüge kann unter hoher Belastung zerbrechen. Geschieht dies, fängt der ganze aufliegende Schnee auf einmal an zu schwimmen.

Ein einzelner Skifahrer wiegt zwar nicht viel, aber seine Masse drückt auf zwei dünne Bretter, unter denen das Schneebrett auf großer Breite abreißen kann. Es donnert als Lawine zu Tal. Derartige Lawinen sind in der Regel 50 Meter breit und 100 Meter lang, manchmal aber auch kilometerlang. Für den Skifahrer, der sie ausgelöst hat, gibt es meist kein Entkommen mehr. Er verliert jeglichen Halt unter den Brettern.

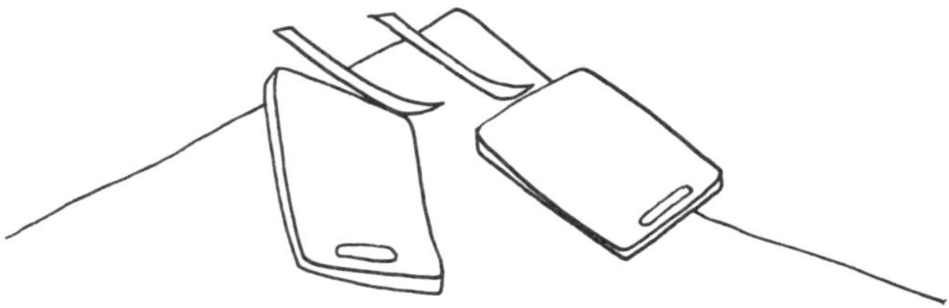

Namenregister

Stichwortverzeichnis

Zum Autor und zur Zeichnerin

Thomas de Padova wurde 1965 in Neuwied am Rhein geboren. Er hat in Bonn und Bologna Physik und Astronomie studiert und danach für verschiedene Zeitungen – unter anderem die *taz*, die *Stuttgarter Zeitung* und *DIE ZEIT* – geschrieben. Zwischen 1997 und 2005 war er Wissenschaftsredakteur beim *Tagesspiegel*. Er ist verheiratet und lebt heute als freier Wissenschaftspublizist in Berlin. Seit einigen Jahren widmet er sich in wöchentlichen Kolumnen den kleinen Rätseln des Alltags. Diese erscheinen unter dem Titel »Aha« im *Tagesspiegel*. 2004 erschien sein Buch *Am Anfang war kein Mond*.

Martina Wember wurde 1961 in Erlangen geboren. An der Kunsthochschule in Berlin-Weißensee studierte sie Design. Sie lebt in Berlin und arbeitet als Zeichnerin unter anderem für den *Tagesspiegel*. Sie hat mehrere Zeichenbücher veröffentlicht, die von der Stiftung Buchkunst »Schönste Bücher« und vom ADC New York ausgezeichnet wurden. Ausstellungen in Tübingen, Frankfurt am Main und Madrid.